그대를 사랑합니다. 2

그대를 사랑합니다. 2

1판 1쇄 발행 | 2015년 2월 28일

지은이 | 강성애
펴낸이 | 남승우
펴낸곳 | 남두도서

주소 | 서울시 동작구 사당로9가길 6(사당동)
전화 | 02) 595-1692~4
팩스 | 02) 595-1394
등록 | 1998년 11월 4일 제5-76호
E-mail | namdoo6@unitel.co.kr

값 12,000원

ISBN 978-89-5780-157-4 04810
ISBN 978-89-5780-155-0 (전3권)

디자인 | 편집 이선경 / 표지 나아기획

그대를
사랑합니다. 2

강 성 애 지음

남두도서

들어가는 글

"우리 함께 하나님 나라에서 만날 수 있기를 소망합니다."

김천대학교가 변화의 성장통을 겪고 있을 시기인 2008년 1월 첫째 주부터 기독교신문에 칼럼을 기고하기 시작했습니다.

그즈음은 번잡한 내외의 일들로 차분히 글쓰기가 쉽지 않았지만, 김천대학교를 조금이나마 더 많은 분께 소개할 수 있겠다는 마음으로 시작했습니다.

그러나 평소 성경을 읽고 필사와 설교를 통해… 육십 평생을 성경과 함께했음에도 바쁜 일정과 함께 규칙적인 이런 글쓰기는 쉽지 않았고, 또한 저에게 부족함이 많다는 것을 깨닫게 했습니다.

한편 칼럼을 쓰는 과정은, 세상 살면서 어느덧 무뎌진 가슴으로 대했던 가족, 교직원, 학생, 유학생, 이웃, 지나는 사람… 등을 유심히 보게 되는 계기가 되었습니다.

무심한 말과 행동 그리고 눈길이 아니라, 마음을 담아서 말을 하고, 마음을 실어서 행동을 하게 되었으며, 더 따뜻하게 주변을 바라보게 되었습니다.

칼럼 내용이 제 속을 다 보여주는 것 같아 부끄러울 때가 한두 번이 아니었지만, "잘 보고 있다", "감동 받았다"는 감사와 격려를 보내주시는 분들이 계셔서 큰 힘이 되었습니다.

우리 김천대학교와 하나님의 말씀을 전하고 싶은 마음에 시작했으나, 도리어 저의 부족을 절감하며 겸손해지고 저 자신이 늘 하나님과 교감하며 하나님께 더 나아가는 큰 은혜의 시간이었음을 고백합니다.

부족한 내용이지만 저의 생각과 느낌을 여러분과 함께 나누고 싶어, 기독교신문에 기고했던 2008년 1월부터 2010년 12월까지 만 3년의 글을 정리해 보았습니다. 이 글을 통해 온전한 여러분의 시간을 가져보는 사랑의 단초가 되시기를 바랍니다.

이 글들이 나오기까지 물심양면으로 애써주신 남두도서의 남승우 사장님과 김천대학교 가족 여러분께 진심으로 감사드리며 또한 모든 영광을 하나님께 돌립니다.

2015년 1월

김천대학교 총장 강 성 애

차례

차례

차례

불행한 이름

가룟 유다!

그는 이 시대의 가장 불행한 이름이다.

왜냐하면, 그는 자기 주님을 배반한 자였기 때문이다.

가룟 유다는 선택받은 열두 제자의 한 사람이다.

그는 주님의 고귀한 생명의 가르침을 들었고 그분과 함께 동고동락했다.

그는 선지자들이 그토록 기다리며 보고 싶어 하던, 그 메시아의 모든 것을 보고 누리는 축복을 받은 자였다.

수많은 병자, 소경, 앉은뱅이의 경이로운 치유와 회복을 몸소 목격한 축복의 주인공이다.

하지만 그 넘치는 축복에도 불구하고 그는 그 축복을 누리지 못하며 진리를 배반한 불행한 자였다.

그것이 우리에게는 너무나 이상하게 느껴진다.

주님과 함께 동고동락했던 다른 제자들은 십자가를 거꾸로 지면서

까지 순교를 당했고, 여러 명의 성경의 저자들로 성숙하였기 때문이다.

가롯 유다, 무엇이 문제였을까?

그는 철저한 자신의 이기심과 사상과 욕심에 갇혀 있었고 주위에 넘치는 은혜의 축복을 볼 눈이 없었다.

그래서 그는 마음이 언제나 저들과는 달랐고 늘 겉돌았으며 진리의 제자인 척만 하였다.

금전보따리 관리 책임자인 그는 메시지를 듣기보다는 돈 세는 일에 우선으로 마음을 빼앗겼고, 병자의 회복과 치유에 기쁨보다는 저들을 이용해서 자신의 이기심을 채우려는 욕심에만 급급했다.

그렇다.

수많은 사람이 교회에 다니며 예수님의 제자라고 하지만 참 진리를 모르며 겉도는 교인이 너무나 많이 있다.

입술로는 주님이라고 말을 하지만 삶 속에서는 주님임을 인정하지 않는 자며 또한 교회의 성도를 이용하려는 비즈니스 마인드의 사람들이 수없이 많이 있다.

나는 요즘 무척 마음이 아프다.

무척 신뢰했던 이웃이 독한 발톱을 남몰래 드러냄을 보았기 때문이다.

얼마나 신앙생활을 많이 하며 얼마나 큰 교회를 다니고 있느냐는 것은 별개의 것이다.

오늘도 성경 속에 불행한 제자 가롯 유다를 더듬어보면서 나는 과연 어떠한 자인가 다시금 살펴보게 되었다.

자연은 우리의 어머니이다

얼마 전, 뉴질랜드에 있는 자매대학을 방문했다.

끝없이 푸르른 잔디밭에 평화롭게 풀을 뜯고 있는 양과 소와 사슴들…….

그곳은 신이 내린 세계의 곡창지대로 더 없는 축복의 땅인 것 같았다.

무엇보다도 순수와 친절 그리고 자연의 섭리에 합하여 살고자 노력하는 신실한 국민성이 가슴에 와 닿았다.

공항 곳곳에는 저울들이 즐비했다.

여행객 스스로 국제 규격의 짐 무게를 달 수 있도록 성실한 배려를 한 것이다.

그와 함께 짐의 수용무게도 철저하게 지켜졌으며, 무엇보다도 자연을 위한 보호가 가장 우선순위 속에 놓여 있었다.

그동안 우리는 빨리 성장하기 위해 앞만 보고 달려온 민족이다.

자연보다는 돈을, 환경보다는 이기적인 욕심을 먼저 생각하는 경

향이 짙었다.

그 속에서 깊은 신뢰와 행복을 발견하기는 어렵고 가시적인 성장만이 있을 뿐이다.

태초에 하나님은 에덴에 동산을 만드신 후 아담을 그곳에 두셨다.

그리고 그에게 자연을 아끼며 보호하고 관리하는 청지기의 사명을 맡겨 주셨다.

그러나 아담의 타락처럼 우리는 죄 탓에 이기적으로 변해갔다.

수많은 짐승이 인간의 탐욕으로 광우병에 시달리고 있고 조류독감과 같은 재앙을 자연은 우리에게 그 보복으로 안겨 주고 있다.

언제쯤 우리는 자연과 더불어 풍요로운 행복과 사랑을 누릴 수 있을 것인가?

그것은 우리가 우리의 이기적인 사심을 버리고 하나님을 경외하며, 맡겨 주신 사명대로 자연을 벗으로 사랑한다면 그 행복은 언제든지 가능할 것이다.

우리 주위의 나무와 동물과 자연을 존중하며 사랑하자.

그것이 바로 내가 사는 길이며 우리가 사는 길이다.

초록의 나라 뉴질랜드의 푸르름이 고속성장으로 앞만 바라보며 달려온 우리에게 자연과 더불어 우리를 돌아보게 하였다.

자연은 우리의 모체이며 우리의 어머니이다.

그 자연에서 우리는 영원히 숨 쉬며, 그리고 언젠가는 그 자연으로 돌아갈 것이다.

하나님은 우리를 흙으로 만들었으며, 그리고 너와 나는 흙으로 돌아갈 것이라고 하였다.

자연사랑, 이것은 곧 너와 나를 사랑하는 가장 근본적인 길이다.

동토의 땅에서 생명의 길로

여기는 중국 요녕성의 단동시!

눈앞에는 압록강이 흐르고 건너편에는 신의주가 보인다.

우리 일행은 배를 탔다. 그리고 단동과 신의주 사이를 내려갔다.

한쪽에는 고층빌딩과 자동차와 자유로움의 생기가 뿜어져 나오고, 반대편에는 가난과 비참함이 느껴졌다.

신의주 강가에 놓여 있는 고깃배가 짙은 회색빛이어서인지 마음에 어두움이 더해갔다.

우리 민족은 세계 속에서도 인정받는 우수한 두뇌의 부지런한 민족이다. 그러나 자랑스럽던 우리 조상들의 땅은 지금은 함부로 갈 수 없는 가난과 동토의 땅이 되어 버렸다.

마음에 깊은 아픔을 느끼면서 망원경을 눈에 대었다.

내 동포의 땅을 더 가까이 더 깊이 보고 싶어서.

하나님은 우리 민족을 사랑하신다. 그래서 전쟁 이후 민족이 분단된 이후에도 하나님은 크리스천들의 끊임없는 기도와 헌신을 들으시고 대한민국 위에 눈부신 경제발전을 일으켜 주셨다.

또한, 세계 선교에서도 미국 다음으로 많은 선교사를 세계 각국에 파송하는 놀라운 부흥을 일으켜 주셨다.

하지만 바로 코앞에서 분단된 내 동포들은 가난과 고통 속에 죽어가고 있다.

예전엔 이것이 누구의 책임이라고 말하곤 했었지만 이젠 이것은 우리 모두의 숙제라고 말하고 싶다.

하지만 언제인가 하나님이 허락하신 그날이 오면 우리는 함께 손을 맞잡고 사랑의 대화를 나눌 것이며, 하나님은 우리 모두의 구원이시고 또한 우리의 보호자 되심을 고백하면서 함께 찬양과 경배를 드리게 될 날이 올 것이다.

그리고 평양의 신앙부흥운동이 다시 한 번 온 세계를 놀라게 할 것이며 생명의 물줄기는 세계를 향하여 그 영롱한 빛을 발하게 될 것이다.

그날을 바라보면서 우리 의식 있는 크리스천들은 소망 중에 기도하며 인내로 그 영광의 날을 준비해야 할 것이다. 그 길만이 우리 민족 모두가 참 살아가야 할 영광된 생명의 길이 될 것이다.

"그날이 오면 내가 그들의 목에서 멍에를 꺾어 버리고, 그들을 묶은 사슬을 끊어 버리겠다. 앞으로는 다른 나라 백성이 내 백성을 노예로 만들지 못할 것이다.

그들은 그들의 하나님 나 여호와를 섬기고, 내가 그들에게 보내 줄 그들의 왕 다윗을 섬길 것이다." (예레미야 30 : 8~9)

성숙한 부모와 그의 언어

자녀교육과 부모에 대한 특강을 부탁받았다.

원고를 정리하다 보니 언어에 관한 것이 많은 부분을 차지함을 보고 깊은 생각에 잠겼다.

성경에는 "부드러운 말은 꿀과 같아서 영혼에 달고 뼈에 양약이 된다"라고 하였다.

또 영어 성경에는 '부드러운 말'은 'Gentle Words'라고 한 곳도 있고 'Kind Words'라고 한 곳도 있다.

이것은 인간의 영혼은 언어를 먹고 사는데 그 언어가 친절하고 부드러운 언어일 때는 우리 영혼이 힘을 얻고, 반면에 비난의 언어일 때는 우리 영혼이 상처받고 찢긴다는 뜻일 것이다.

우리는 주일마다 교회에 가서 하나님의 말씀을 먹고 산다.

그 말씀이 진리의 말씀, 구원의 말씀이기에 우리 영혼은 힘을 얻게 되는 것이며 또 소망을 하게 되는 것이다.

마찬가지로 자녀교육에서도 부모의 따스한 격려의 말 한마디가 자녀의 영혼을 살리며 소망과 용기를 갖게 하거나 또는 그 반대가 될 수 있다.

우리는 고향을 늘 그리워한다.

그것은 우리를 이해해 주고 사랑해 주시는 부모님이 그곳에 계시기 때문이다.

하지만 늘 비난만 받고 사는 자녀가 있다면 그는 부모님의 품을 그리워하는 대신 겉도는 자식으로 변할 수밖에 없을 것이다.

설사 부모님의 마음이 그렇지 않다 하여도 언어의 표현이 잘못되었을 때는 깊은 상처로 변하여 자식들은 아파하며 방황하게 될 것이다.

주님은 "네 입으로 인해 스스로 복과 화를 자초한다" 고 말씀하셨다.

기왕 말을 할 바에야 우리는 소망의 말을 해야 한다.

더군다나 사랑하는 자녀와 이웃에 있어서는 더욱더 소망과 격려의 언어가 우리에게 필요하다.

강의를 준비하면서 과연 나는 자녀에게 어떤 언어를 사용하였는가를 돌아보게 되었다.

그런데 당신은 어떠한가?

살리는 언어를 쓰고 있는 현명한 부모인가, 아니면 상처만 남기는 부끄러운 부모는 아닌가?

이 시간 우리 자신을 돌아보면서 좀 더 성숙한 언어를 사용하는, 좀 더 현명한 부모가 되기를 모두에게 당부해 보고 싶다.

생명의 부활 신앙

이집트에서 삼천 년 지난 미라가 발굴되었다.

미라의 꽉 쥐어진 손에는 몇 알의 씨앗이 들어 있었다.

사람들은 이 씨앗을 빼내어 화분에 심었다.

비록 삼천 년이 지났지만, 그 씨앗에서는 싹이 났다.

놀라웠다.

씨앗의 주인인 하나님께서는 생명 그 자체였으며 하나님의 DNA가 그 무덤, 그 씨앗 속에서 삼천 년이 지났지만 여전히 존재하였다.

얼마 전, 각 지역에서는 부활절 연합 예배들이 있었다.

수천, 수만의 교인들이 모여 주님의 죽음에서의 승리와 부활의 영광을 기념하는 특별한 예배를 드렸다.

그러나 그 예배들 속에서 진정한 부활의 기쁨과 생명의 승리는 찾아보기 힘들었다.

왜 그랬을까?

주님은 십자가 고난 전에 제자들과 마지막 만찬을 하시면서 포도 주와 떡을 떼어 "이것은 죄 사함을 위한 내 몸이라" 하시며 제자들에게 나누어 주셨다.

오늘날 수많은 교회가 부활절을 전후하여 주님의 살과 피를 먹는 이 성만찬 예식을 가진다.

이것은, 누구든지 그의 살과 피를 먹고 마시는 자는 주님의 생명을 얻고 또 주님과 함께 거하며 주님이 그 안에서 그로 더불어 사시는 것을 의미한다.

그런데 우리는 이 생명의 복음을 얼마나 누리며 살고 있는가?

우리는 주님의 살과 피를 먹고 마심으로써 부활의 주님과 날마다 동행하고 있는가?

아니면 아직도 땅과 하늘 사이에서 방황하고 있는가?

삼천 년이 지난 씨앗이 하나님의 DNA 생명으로 인하여 여전히 부활의 능력을 증거하듯, 우리의 삶 속에서도 성령의 DNA로 인하여 믿음과 생명의 싹이 새봄과 함께 돋아나야 할 것이다.

미지근했던 우리의 신앙!

그러나 싹 난 미라 속의 씨앗처럼 다시 회복돼야 하는 우리의 부활 신앙이다.

이것이 주님이 부활절 연합예배 속에서 우리에게 진정으로 주시고 싶어 하셨던 생명과 부활의 메시지가 아니었는지 생각해 본다.

이 시간 타성에 젖은 우리의 신앙생활을 돌아보면서 살아 있는 생명과 기쁨의 부활과 승리의 신앙으로 다시금 거듭나기를 소원해 본다.

은혜의 단비

목말랐던 대지는 기쁨으로 그 목을 축이고 가지 끝의 봄기운은 그 초록을 더해간다.

눈을 들어 산을 보니 신록의 축제가 아스라이 향기롭고 아름답다.

이 아름다운 계절과 자연을 주신 하나님께 찬양을 드린다.

우리는 매 순간 감사할 일이 무척 많다.

볼 수 있는 눈과 들을 수 있는 귀와 계절마다 바뀌는 자연의 아름다움과 사랑하는 아들딸과 직장의 귀한 동료들.

그러나 우리는 어려운 한 가지 일에만 마음을 고정하며 아홉 가지 감사를 잊거나 깨닫지 못하고 살곤 한다.

그러나 성경에, 기쁘게 먹고 마시며 자기 일에 보람과 만족을 갖는 것이 하나님이 주신 선물이며 우리의 몫이라는(전도서 3 : 12~13) 말씀이 생각난다.

목적 지향적 완벽주의로 살아왔던 나에게 이 말씀은 커다란 위로와 도전이 되었다.

수많은 날을 앞만 보고 달려왔다.

목표 속에 몸부림쳐 가며 때로는 불평하고 때로는 목말라하며 달려온 세월.

하지만 감사하지 못한 모든 날과 무디었던 눈과 귀에 대해 이젠 하나님께 용서를 빌어야겠다.

그리고 내일이 나의 날이 아님을 생각하면서 오직 오늘이라는 주어진 이 날에 마음껏 기뻐하며 행복하기로 해야겠다.

만나는 사람마다 따스한 눈빛과 소중한 인사를 건네며 더 많이 안아 주고 더 많이 위로하면서…….

그리고 저 목표의 산을 바라보며 달려가는 그 사명의 길에서도 매 순간 매 순간은 지극히 소중한 우리의 날들이기에, 그리고 그날들이 모여 고귀한 우리의 인생을 형성하기에.

봄비가 내린다.

산과 들과 그리고 내 마음에 은혜의 단비가 흘러내린다.

아름다운 비를 주신 하나님을 찬양하리라.

그리고 은혜의 비가 우리의 무디어진 양심과 볼 줄 모르는 눈과 귀를 씻겨달라고 이제 기도드리자.

아버지 하나님은 우리의 기도를 들으시고 소생하는 은혜의 빗줄기를 더 깊고 더 넓게 뿌려주실 것이다.

사월에 나는 감사하리라.

그리고 오월이면 나는 더욱 기뻐하리라.

왜냐하면, 이 감사와 기쁨은 하나님이 명령하신 그분의 뜻이기에.

그리고 그 말씀에 순종함이 하나님을 기쁘시게 해드리는 우리의 몫이기에…….

영롱한 눈빛을 소망하면서

가정의 달 5월이 오면 우리는 우리들의 부모님과 자녀를 다시 한 번 생각하게 된다.

이 세상에서 우리들의 자녀들이 유난히 불쌍한 존재가 아닌가 하는 생각이 든다.

그 이유는 매년 바뀌는 입시 전쟁 속에서 우리의 자녀가 365일 공부벌레로 전락해 버리고 인격이 등수로 평가되는 억눌린 환경 때문이다.

하지만 우리의 자녀들은 등수와 무관하게 소중한 존재이며 우리의 미래이다.

우리의 아들딸들은 자신만의 독특한 개성과 재능이 기쁨 속에 개발돼야 하며 아침저녁 꽃송이처럼 싱그럽고 향기롭게 자라야 한다.

그러나 그들의 억눌린 마음은 눈동자 속에 애처로이 나타난다.

이것이 우리의 뼈아픈 현실이다.

이 묶여 있는 현실 속에 우리 부모들의 태도는 무엇보다 중요하다.

그리고 부모들의 태도 여하에 따라 자녀들은 미래의 소망과 용기를 품게 될 것인지 아니면 좌절하고 침체 속에 빠질 것인지 윤곽이 드러나게 될 것이다.

요즈음 청소년들의 학교 폭력과 성범죄가 범람하고 있다.

이것은 억눌린 자녀들의 마음이 비정상적으로 표출되는 자기방어의 모습이 아닐까 싶다.

그 책임은 모든 우리 기성세대의 몫이다.

가정에서 진정으로 사랑을 주었는지, 함께 아파하며 입시경쟁 속에 마음을 나누었는지, 그리고 백 년을 바라보며 일관성 있고 지혜롭게 교육정책이 설정되었는지.

하지만 이 물음들 앞에 우리는 부끄러울 뿐이다.

이제, 부모의 사랑과 선생님들의 권위가 회복되어야 하며 학교마다 인격적이고 소망 있는 분위기와 가르침이 존재해야 한다.

그리할 때 대한민국은 진정 지성과 인격을 겸비한 자랑스럽고 세계적인 인재를 배출할 것이며 우리의 아들딸들은 행복하게 웃으며 자라날 수 있을 것이다.

우리 다 함께 이 지혜를 얻기 위하여 하나님 앞에 고요히 무릎 꿇고 주님의 음성에 귀 기울이자.

아브라함과 그의 자녀 이삭을 통하여 가장 뛰어난 교육자 되시며 아버지 되신 하나님은 우리 대한민국의 자녀들도 이삭처럼 뛰어난 리더로 키워주실 것이다.

소망 가운데 우리는 하늘을 우러러보며 흐려진 자녀들의 눈망울을 다시금 바라보자.

그리고 그 눈망울이 영롱하게 빛날 소망의 날을 기대해 보자.

생동하는 아름다운 교회

뜨거운 교회!
사랑과 봉사와 순종이 아름다운 교회!
하나님이 이끄시는 소중한 목자를 통해
모든 지체는 그렇게 아름답게 움직이고 있었네.

성령의 단비가 메마른 광야를 적시우고
소중한 영혼들은 생수의 강에서 찬양 속에 춤을 추었어라.

아름답고 영원한 예수의 이름 속에
그렇게 그 교회는 성장하였어라.

목회자의 헌신이, 목회자의 기도가, 목회자의 사명이
뜨겁고 아름다운 성도로 변해가게 하였고
성도 한 사람 한 사람

하나님의 용장으로 성장하게 하였어라.

한번 앉아본 그 자리에도
성령의 강한 바람 크게 느꼈다면
얼마나 그 교인들은 행복하지 않겠는가?

오늘도,
사람 그리워 애타는 이 세대 속에
크나큰 하나님의 사람, 아름다운 목자시여!

예수 안의 당신
사명 사랑과 그 영혼 사랑에
뜨거운 마음 바쳐 감사 존경 올리노라.

부디 아름다운 이 교회가
전 세계에 사랑의 향기 더 높여서
마른 뼈 가득한 이 지구촌에
예수 부활 생명으로 하나님 나라 가득 이룩하시길…….

부활의 꽃송이

봄이 되니 얼었던 땅에 영산홍 꽃이 활짝 피었다.

사람들은 행복한 미소 속에 꽃길을 걷고 있다.

그윽한 기쁨이 가슴에 스민다.

지난겨울 우리 학교에 건물을 새로 지었다.

그리고 그 건물 주위에 영산홍 꽃나무를 심었다.

그러나 그 꽃나무들은 추운 겨울에 심은 탓일까, 가지와 잎들이 바짝 말라 있었다.

너무 마음이 안타까워 꾸준히 물을 주며 행여나 하고 기다리며 또 기다리며 뽑지 않고 있었다.

그런데 며칠 전부터 죽었던 그 가지에 빨간 꽃송이들이 한두 잎 맺히기 시작하였다.

눈물 나도록 반가웠다.

'아~ 살아났구나! 죽었던 가지가 살아났구나! 이것이 부활의 꽃잎이구나!'

너무나 마음이 흥분되었고 기뻐 왔다.

이제 꾸준히 물을 준다면 죽은 것 같았던 저 많은 영산홍 나무는 다시 꽃을 피울 수 있을 것이다.

나는 곰곰이 생각했다.

무엇이 꽃나무를 살려냈을까?

분명, 가지와 잎들은 완전히 죽었었는데…….

아마 그것은 그 뿌리가 아직 죽지 않았기에 봄비와 그 정성의 물들이 죽어가던 뿌리에 다시 생명의 생기를 주었던 것이다.

그리고 뿌리가 다시 살아나면서 그 생명의 증거로 예쁜 꽃봉오리들을 탄생시켰다.

아! 그렇다.

죽은 것 같았던 우리들의 생활도 믿음의 뿌리가 살아 있다면 다시 부활의 꽃잎을 피울 수 있을 것이다.

우리는 살면서 미지근한 자신의 신앙을 보고 스스로 가슴 아플 때가 많이 있다.

그러나 말씀의 물, 성령의 물로 우리 스스로를 날마다 채워간다면 부활의 아름다운 꽃은 우리의 삶 속에서 다시 맺혀질 수 있을 것이다.

아름다운 봄, 화사한 저 꽃들과 죽어가던 영산홍의 그 꽃봉오리 속에서 미지근한 우리의 삶을 되돌아보게 된다.

그리고 찬란한 부활의 아름다운 꽃을, 이 봄 우리의 삶에 다시금 꽃피울 수 있기를 소원해 본다.

그런데 당신의 삶 속에는 어떠한 부활의 꽃이 피어나고 있는가?

사랑한다. 아들아! 딸아!

하나님이 태초에 가정을 창조하셨다.

그리고 그 안에서 행복하게 살기를 원하셨다.

하지만 에덴동산 같아야 할 가정이 사랑과 안식보다는 긴장과 고독의 장소로 변해 버렸다.

이곳에 부모의 몇 가지 유형을 적어 보며 나와 내 자녀는 어디에 속해 있는지 생각해 보고자 한다.

부모의 유형 중, 전제적 부모는 자녀에 대한 규율과 통제가 많으나 대화는 무척 적다.

여기의 자녀는 공부는 잘하나 내면에는 무수한 억압과 상처가 있으며 스트레스가 많다.

또한, 자신감이 적고 리더십도 뛰어나지 못하게 된다.

자유 허용적 부모는 자녀의 요구에 NO를 못하는 유형이다.

규율은 적고 자녀의 요구에 거의 무조건 Yes만 해주는 부모이다.

이 유형의 자녀는 자기통제가 어려우며 공주병, 왕자병을 갖게 되며 이기적인 사람으로 성장한다.

민주적 부모는 자녀에 대한 규율과 함께 칭찬과 격려가 있으며 자녀와 많은 대화를 나누는 부모이다.

또한, 자녀들의 의사를 존중하며 자녀들의 아픔과 기쁨의 시간을 함께한다.

여기의 자녀는 긍정적이고 발랄하게 성장한다.

또한, 높은 자존감과 함께 사회에 필요한 리더로 성장할 수 있다.

마지막으로, 무관심 방임적 부모는 너무 바쁘거나, 여러 가지 스트레스로 인해 자녀에 대한 무관심과 포기의 증상을 보이는 유형이다.

여기의 자녀는 하는 일마다 자신감이 없고 자기능력의 발휘가 되지 않으며 비행소녀, 비행소년으로 발전하기 쉽다.

또한, 자라서는 부모의 이기적인 양육 모습을 그대로 답습하게 되며 사회의 문제아로 대두하기 쉽다.

우리는 어디에 속했으며, 나의 자녀는 어떠한가?

하지만 예전엔 방임형 부모였으나 이제 자녀를 이해하고 대화 속에 함께하는 부모가 된다면, 우리들의 자녀는 긍정적이고 적극적인 자녀로 변화될 수 있게 된다.

5월은 가정의 달이다.

우리 지나간 세월을 점검해 보면서 이젠 성숙한 부모로 다시 거듭나야겠다.

보석보다 귀한 우리의 미래며 우리의 분신인 소중한 아들딸들을 위하여…….

마음의 지성소

오늘 채플이 있었다.

나는 헤밍웨이의 자살로 서론을 이끌어갔다.

누구도 돈과 명예로는 진정한 행복과 평안을 살 수 없으며, 그 돈과 명예에도 불구하고 그는 극심한 고독과 공허 속에 고통받다 결국 자살의 길을 선택했음을 역설하였다.

반면 파스칼은 "우리 인간에게는 하나님이 주신 공간이 있으며 이 공간은 오직 하나님과의 만남과 교제를 통해서만 채워질 수 있다"고 말하였다.

그렇다.

아무리 돈과 명예와 인기가 많다 할지라도 그것들로는 하나님이 우리에게 주신 우리 영혼의 내면의 공간을 채울 수도 만족하게 할 수도 없는 일이다.

그것은 오직 우리를 창조하신 하나님만이 거하시길 원하시는 영혼의 지성소이기 때문이다.

하나님은 우리 모두가 가장 소중한 그 공간에 하나님을 모시면서 인생의 진정한 진리의 가르침을 받기를 원하신다.

그리고 진정한 자유와 행복은 그 가르침에 순종할 때 우리가 누릴 수 있을 것이며 그때 하나님의 온전한 자녀의 삶을 살게 될 수 있는 것이다.

또한, 그러한 그는 직위나 통장의 적고 많음의 상관없이 그의 가슴 속에서 생수가 흘러나오며 인간 승리자의 길을 당당히 걸을 수 있는 것이다.

더군다나 그의 육체는 더는 예전의 육체가 아니라 하나님을 담고 다니는 거룩한 그릇이며 또한 거룩한 성전이 된 것이다.

때문에 그는 이 땅에서도 천국의 삶을 누릴 수 있고 빛과 생명 속에 하나님의 상속자로 모든 것을 가진 가장 부유한 자라고 말할 수 있다.

그런데 당신은 이러한 진리를 알고 있는가?

또한, 당신은 삶 속에서 이러한 삶의 기쁨을 누리며 살고 있는가?

우리 자신에게 묻고 싶다.

그리고 수많은 영혼이 방황함을 가슴 아파하면서 우리는 이 단순한 복음의 진리를 전해야 할 것이다.

당신 속에는 공간이 있으며 그 공간으로 인해 당신은 하나님의 성전이 될 수 있다는 것을…….

그 길이 당신에게 진정한 기쁨을 주는 행복의 지름길임을 역설하고 싶다.

그런데 당신 마음의 공간에는 지금 누가 계신가?

당신인가? 아니면 하나님인가?

그린 안식

얼마 전까지 앙상했던 산들이 새움을 입고 이제는 물감을 풀어놓은 듯 아름다운 그린의 축제를 벌이고 있다.

조금 있으면 푸르름이 온 산을 덮게 되리라.

하나님은 그린 색을 사랑하시고 모든 식물의 기초 색으로 사용하신다.

그린 색은 우리에게 봄을 알게 해주며 또한 우리 눈의 피로를 풀어주는 안식의 힘이 있다.

또한, 그것은 신뢰의 기초가 되는 믿음의 색이라고 할 수 있다.

하나님은 자연을 통하여 영광 받으시고 그 모든 생명의 기초에 믿음의 색을 정해 놓으셨다.

오직 믿음으로만 우리는 창조주 하나님을 볼 수 있고 만날 수 있고 또 그 안에서 진정한 평화와 안식을 누릴 수 있기 때문이다.

그러나 세상은 갈수록 각박해져 간다.

요즈음 북한은 핵무기로 세계평화를 위협하고 있고, 각종 범죄와 경제불황이 우리의 삶을 불안케 하고 있다.

그러나 모든 인간은 평화를 갈구하며 안식을 얻기에 노력한다.

하지만 진정한 안식과 평안은 세상이 주는 것이 아니다.

세상이 주는 것은 일시적이요 그것은 외형적인 것일 뿐이다.

예수님은 십자가 사건 바로 전에 어린 나귀를 타시고 예루살렘에 입성하셨다.

그리고 자신이 진정한 평화의 왕이며 안식과 평안의 수여자임을 보여주셨다.

그렇다.

진정한 평화는 오직 믿음으로만 가능하며 영원한 평안은 평화의 왕 주님을 우리 마음에 모실 때에만 가능한 것이다.

주님은 우리 마음에 오셔서 진정한 평안을 주시며 영원한 안식을 가르쳐 주실 것이다.

그리고 진정한 평안과 안식은 주님 자신이시며, 또한 주님의 말씀을 순종함이 안식의 근본임을 선포하신다.

온 산이 그린 속에 아름답다.

그윽한 자연의 향기가 영혼에 스며든다.

우리의 삶이 변함없는 자연의 향기처럼 주님 안에서 언제나 신실하기를 소원해 본다.

그리고 그 신실한 믿음 위에 진정한 평안과 안식이 우리의 영혼 속에 깃들며, 우리들의 모든 가정과 삶이 주님의 은혜 속에 날마다 고요한 평화를 누리며 살게 되기를 이 시간 간절히 소원해 본다.

성공적 부모의 십계명

태초에 아담과 하와를 통하여 가정을 세우셨던 하나님은 좋은 부모의 모습을 통하여 하나님 나라를 이룩해 가기를 원하셨다.

그러나 핵가족과 부부 맞벌이가 현실화된 환경 속에서 좋은 부모 되기는 쉽지 않다.

돈과 명예를 찾아 바삐 허덕이는 가운데 우리들의 자녀가 죽어간다면 그 모든 일은 헛된 일일 뿐이다.

자녀는 우리의 미래이며 분신이기 때문이다.

이곳에 성공적인 부모를 위한 10가지 계명을 적어 본다.

첫 번째, 자기 인식 – 자녀는 하나님이 맡겨 주신 가장 소중한 기업이다.

좋은 부모가 되겠다는 매 순간의 결단이 필요하다.

두 번째, 마음의 양식 쌓기 – 마음에 쌓인 것이 입으로 나온다.

말씀과 기도와 독서 속에 부모의 성숙을 위한 노력이 필요하다.

세 번째, 경청하기 – 귀로 끝까지 듣고 눈으로 자녀의 마음을 읽어라.

네 번째, 이해하기 – 자녀의 고민을 이해하고 열정과 은사를 발견해 주어라.

다섯 번째, 격려하기 – 강점에 초점을 맞추어 격려하고 어려울 때 편이 되어 주어라.

여섯 번째, 칭찬하기 – 칭찬은 자녀를 살리는 명약이다.

칭찬을 아끼지 마라.

일곱 번째, 신뢰하기 – 믿어 주는 대로 행동한다.

여덟 번째, 꿈과 비전 심어 주기 – 재능에 따른 세계적인 리더의 꿈을 심어 주어라.

아홉 번째, 품어주기(스킨십) – 두 팔로 안아 주고 가슴속에서 안식과 행복을 갖게 하라.

열 번째, 축복하기 – 부모의 축복기도는 가장 진실하고 눈물겹다.

기도의 자녀는 절대 망하지 않는다.

우리들의 자녀는 부모의 이해와 격려를 그리워하고 있다.

우리 이제 집으로 돌아가자.

그리고 자녀들을 향하여 두 팔로 안아 주면서 진실한 사랑의 고백을 들려주자.

"세상의 무엇보다 소중하고 사랑하는 나의 아들딸"이라고…….

그 고백 속에 회복은 움틀 것이다. 그리고 우리의 미래는 다시 세워져 갈 것이다.

스승의 자기점검

며칠 있으면 스승의 날이다.

매년 스승의 날이 되면 떠오르는 고귀한 얼굴이 있다.

오늘의 내가 있기까지 늘 사랑의 매와 가르침을 아끼지 않으셨던 소중한 분이시다.

그분의 집을 방문하고 나설 때면 언제나 텃밭에서 감자와 고추를 한 아름 빼어 안고서 나의 손에 쥐여 주시던 부모님 같던 소중한 분이시다.

스승의 날이 되면 늘 보고 싶은 존경하는 나의 선생님이시다.

그런데 요즈음 스승의 권위는 무척 하락하였다.

가슴 아픈 일이다.

스승은 부모와 같다.

스승을 존경하지 않음은 부모를 공경하지 않음이며, 그것은 그 자신에게 큰 재앙이라 할 수 있다.

왜냐하면, 우리가 스승을 존경하지 않는다면 또한 마음으로 배울 수 없기 때문이다.

주님은 가장 큰 스승 중의 스승이시다.

또한, 주님은 모든 스승의 모범이시다.

주님은 연약한 자들을 돌보시며 큰 자와 작은 자 모두를 사랑하셨고 또한 저들을 제자로 삼으셨다.

그만큼 그분은 위대하신 사랑과 겸손을 지니신 큰 스승이시다.

그리고 그분은 갈릴리의 가장 작은 자들을 들어서 진리와 사랑으로 세상을 섬길 큰 사도로 만드셨다.

우리들의 가슴에는 수많은 학생이 안겨 있다.

저들은 갈릴리 어부보다도 훨씬 더 뛰어난 지식과 문명을 갖고 있다.

그런데 우리 학생들은 어떠한 인재로 길리움을 받고 있는가?

사랑과 생명의 하나님 사람으로 성장하고 있는가?

하늘과 땅이 기뻐하는 인간재목으로, 충성스러운 사명자로 자라나고 있는가?

세상은 어둡다, 심히 어둡다.

때문에 길을 밝혀 줄 인간 등불을 기다리고 있다.

매년 5월이 되면 우리는 주님께 어떠한 인간 재목을 선물로 드릴 수 있을지 우리들의 가슴 보자기를 열어 보면서 우리들의 두 손을 다시금 점검해 보기로 하자.

간절한 외침

바디메오!

그는 태어나면서부터 소경인 불쌍한 사람이었네.

그는 사회의 가장 낮고 천한 자 되어 희망도 없이 어둠 속에서 구걸하며 그렇게 살고 있었지.

그러나 어느 날인가 그의 마음속에는 희망이 생기게 되었네.

나사렛 예수의 소문을 들은 후부터…….

그분은 누구도 차별 않으시고 눈먼 자, 앉은뱅이, 모든 병인을 사랑하시고 고쳐 주시는 귀한 분이라는 소문을…….

그 소문은 바디메오에게 생명이었지.

그는 앉으나 서나 주님 생각, 주님 만날 날만 꿈꾸어 왔다네.

그분은 분명히 자신의 눈을 고쳐 줄 수 있는 메시아 그분임을 마음에 확신하면서.

그러던 어느 날 웅성거리는 소리와 함께 예수님이 가까이 오시고 계심을 그는 알게 되었지.

그는 이때다 싶어 있는 힘을 다해 외쳤다네.

나사렛 예수여 저를 불쌍히 여겨 주소서~ 하고.

그런데 사람들은 그를 제지하려고 야단쳤다네.

거지 소경인 주제에 너무 시끄럽다고, 제발 조용히 좀 하라고.

하지만 그는 멈출 수가 없었지, 그 길만이 그가 살길이니까.

고맙게도 주님은 그 외침을 들어 주셨고 그를 불러 주었다네.

그리고 너의 믿음대로 되라고 바디메오에게 말씀하셨네.

놀라운 기적이 그 후에 일어났다네.

어두웠던 두 눈이 번쩍 뜨이게 되었고 고마운 주님의 모습을 볼 수 있게 되었지.

꿈에도 그리던 그 광명을 얻게 된 것이야.

나사렛 예수 그분은 참으로 구세주셨고 메시아 하나님의 아들이셨다네.

그 후 바디메오의 생활은 햇살로 가득 찼다네.

더 이상 눈멀고 배고픈 자가 아니라 오직 하나님의 은혜 속에 믿음의 복 있는 자가 되었고 성경 속 기적의 주인공이 되어 있었다네.

주님은 오늘도 주님을 간절히 찾고 찾는 자에게 은혜를 베풀어 주시는 분이라네.

소경이든 문둥병자든 주님은 차별 않으시고 우리 모두를 용납하신다네.

다만 그분은 네 믿음대로 되라고 말씀하셨지.

그런데 당신은 갖고 있는가?

바디메오에게 기적을 갖고 왔던 그 믿음을……, 그리고 간절한 기도의 그 외침을!

행복의 주인공은 당신입니다

행복하길 원하십니까?

행복의 씨앗을 심으십시오.

씨앗은 심는 대로 거둘 것입니다.

행복의 씨앗을 심으면 행복을 거두고 불행의 씨앗을 심으면 불행을 거둘 것입니다.

행복의 씨앗은 사랑입니다.

사랑의 씨앗을 심으십시오.

매 순간 사랑의 씨앗을 심으면 행복의 열매를 거두게 될 것입니다.

무엇보다 하나님을 사랑하는 사랑의 씨앗을 심으십시오.

성경에는 "나를 사랑하는 사람이 나의 사랑을 입으며"라고 말씀하십니다.

하나님과 그의 말씀을 날마다 사랑한다면 당신은 분명히 하나님의 사랑을 듬뿍 받는 행복의 주인공이 될 것입니다.

둘째로 이웃을 소중히 여기는 사랑의 씨앗을 심으십시오.

하나님은 당신을 통해서 세상을 사랑하고 아름답게 물들이기를 원하십니다.

몸은 웃어도 마음은 울고 있는 불쌍한 이웃이 우리 주위에는 참으로 많이 있습니다.

세상은 저들을 품어 줄 사랑의 사람을 기다리고 있습니다.

그 사랑의 사람은 바로 당신입니다.

당신은 행복을 배달하는 사랑의 씨앗입니다.

셋째로 자신을 지키는 순결의 씨앗을 심으십시오.

인생은 화살처럼 빠르며 안개와 같습니다.

그러나 우리는 영원한 것이 무엇인지 알고 있습니다.

오직 오늘이라는 날에 자신을 지켜, 세상에 물들지 않고 영원하신 하나님을 바라보며 자신의 순결을 지키십시오.

당신이 하나님 앞에서 순결을 지키며 겸손히 주님과 함께 걸어간다면 행복과 은혜의 물줄기는 당신을 통하여서 가정과 직장으로 흘러들어 갈 것입니다.

당신은 하나님이 택하신 소중한 사람입니다.

하나님은 당신을 통하여서 사랑과 행복을 세상에 전달하고 싶어하십니다.

이 시간 하나님과 이웃을 사랑하며 순결한 하나님의 통로가 되기를 결심하십시오.

그리한다면 오늘도 당신은 행복의 주인공이 될 것입니다.

행복의 씨앗은 바로 당신 자신입니다.

"나를 사랑하는 자들이 나의 사랑을 입으며 나를 간절히 찾는 자가 나를 만날 것이니라." (잠언 8 : 17)

길과 진리의 증언자

한 사람이 길을 가다가 길을 잃었다.

노중에서 두 사람을 만났다.

한 사람은 죽은 사람이고 다른 한 사람은 산 사람이다.

그는 누구에게 길을 물었겠는가?

물론 산 사람이다.

공자도 마호메트도 부처도 죽어서 그 무덤이 현재까지 있다.

그러나 예수님은 죽음에서 살아나셨기에 예수님의 무덤은 비어 있다.

이것은 이슬람교도였던 한 주님의 제자의 고백 내용이다.

이 말은 진실이다.

세상 모든 사람은 행복의 길, 영생의 길을 찾아 헤맨다.

그래서 도교, 불교, 회교 등을 기웃거리며 삶을 낭비하고 있다.

그러나 그 어느 곳에도 진정한 해답과 진정한 행복의 길은 없다.

그 길 끝에는 무서운 죽음이 기다리는 가짜 행복의 길뿐이다.

그러나 주님은 "내가 곧 길이요 진리요 생명이다"라고 말씀하신다.

오늘날 수많은 사람이 그 길과 생명을 찾아 헤매는데 그 해답은 오직 예수님뿐이시다.

주님 안에, 진리 안에 있는 우리는 참된 안식과 행복을 누리는 자이다.

때문에 진정한 자유와 행복인이라고 말할 수 있다.

그러나 주님은 이 생명과 이 행복을 나 혼자 누려서는 안 된다고 말씀하신다.

그리고 주님은 아흔아홉 마리의 양을 뒤에 두고서라도 한 마리 양을 찾고 찾으시는 주님의 사랑과 열심을 삶으로 보여주셨다.

주님의 공생애의 삶과 십자가 희생은 잃은 양 찾아 목숨 버리시는 주님의 사랑의 메시지 그 자체이시다.

얼마 있으면 성령강림 주일이 된다.

주님이 성령으로 다시 오셔서 우리에게 임재하심은 이 길과 진리와 생명을 우리 몸을 통하여 이 사회에 선포하시려는 뜻이 아닌가 생각한다.

오직 오늘이라는 이 날에 우리의 몸과 마음을 드려서 참 생명과 길과 진리이신 주님을 우린 선포해야 할 것이다.

그 길이 참 주님이 희생하신 그 사랑의 이유와 본질이다.

그런데 당신은 이 참 길을 진실로 믿고 걷고 있는가?

당신 속에는 넘쳐나는 진리와 생명의 기쁨이 배에서 생수처럼 흘러나오고 있는가?

다시금 자신을 돌아보면서 성령 충만 속에 우리 스스로 그 길과 진리와 생명의 증인이 되기로 하자.

선한 입술 소생하는 마음

며칠 전 저녁 회식이 있었다.

그 음식은 값비싼 진수성찬이었다.

그러나 우리들의 대화는 무척 어두웠고 그 음식은 돌을 씹는 것처럼 느껴졌다.

우리는 살면서 말로 인해 많은 상처를 입고 산다.

그것도 지극히 가까운 사이에서…….

마음으로는 아끼지만, 입술을 열 때마다 소중한 상대방을 할퀴며 지치게 할 때가 많다.

무엇이 문제일까?

우리는 많은 말을 하며 살지만, 너무나 자기 본위로 말을 하고 산다.

상대의 입장에서 생각하고 상대의 입장에서 말하는 배려와 훈련이 지극히 적다는 것이다.

언어는 인격이다.

성숙한 사람은 성숙한 말을 하며 저속한 사람은 저속한 말을 한다.

그러나 하나님은 우리의 말을 다 듣고 계시며 서로의 성숙된 언어를 통하여서 우리들의 삶을 회복시키며 아름답게 가꾸어 가기를 원하신다.

하지만 우리는 이와 반대로 말로써 서로에게 상처를 입히곤 한다.

그리고 그 상처는 속으로 곪고 썩어져서 우리의 인생들을 더욱 깊이 병들게 한다.

이것은 우리의 큰 재앙이라 할 수 있다.

하지만 언어를 주신 하나님은 선하시며 오늘도 우리의 언어를 통하여서 가정과 직장과 사회를 치유하며 회복시키기를 원하신다.

우리 이제 우리의 입술과 언어를 새롭게 가꾸어 가야 할 때가 되었다.

예전에는 우리의 입술이 상처를 주는 칼이었지만 이제는 격려와 치유의 선한 입술로 바뀌어야 한다.

우리의 마음과 생각을 주님의 말씀과 사랑으로 가득 채워 간다면 우리의 인격은 변화될 것이고 이에 따라 우리의 입술도 치유하고 소생시키는 회복의 입술로 바뀌어 갈 수 있을 것이다.

그 열쇠는 특별한 누구에게만 있는 것이 아니라 우리 모두에게 있음을 깨닫고 오늘이라는 이 시간에 우리의 마음과 입술을 겸손히 하나님께 내어놓자.

그리고 우리 함께 환하게 웃는 날을 마음속에 그리면서 기쁨으로 배려의 선한 입술을 이제 열기로 하자.

가장 가까운 곳에서부터 아주 먼 곳의 우정에 이르기까지…….

"말은 음식이 배를 채워 주는 것처럼 그 영혼을 만족하게 한다.
곧 입술의 바른말이 사람을 만족하게 한다.
혀는 살리기도, 죽이기도 하는 힘을 가졌으니, 혀를 놀리기 좋아하는 자는 그 대가를 받을 것이다." (잠언 18 : 20~21)

자연을 바라보며!

오늘은 모처럼 화창하고 아름다운 날씨다.

산에는 새순이 새록새록 아름다운 그림을 그리고 있고, 자연은 생명의 기운을 아스라이 내뿜고 있다.

얼마 전, 벚꽃이 장관을 이루었는데 지금은 진달래 영산홍이 그 화려한 자태를 한껏 뽐내고 있다.

너무나 아름다운 계절, 자연 앞에서 입술이 다물어지지 않는다.

예배를 마친 후 냇가를 찾았다.

모처럼 아름다운 자연 속에서 가슴으로 찬송을 부르며 성경을 한 자 한 자 음미하다 보니 살아 있는 생명의 기운이 온몸을 감싸 안는다.

얼마 전, 천안함 사건으로 우리 모두는 쓰라린 상처를 입었고 암울한 정보의 뉴스들이 가슴을 아리게 압박하였다.

하지만 자연은 변함없이 겨울의 냉기를 뚫고 생명의 부활을 우리에게 가져다주었다.

날마다 숨 쉬는 순간들이 하나님의 은혜요 보이는 자연마다 하나님의 사랑의 숨결일 뿐이다.

그러나 주님은 성경에서 말씀하고 계신다.

"노아 시대 때 하나님은 세상을 물로 심판하셨다. 하지만 인간의 죄악이 너무나 관영하기에 마지막 때 하나님은 불로써 세상을 다시 심판하실 것이다. 그리고 마침내 하늘은 종이 축처럼 말려 떠나가고 그리고 우리는 새 하늘과 새 땅에 다시 거하게 될 것이다"라고.

이 모든 것을 생각할 때 지금 주어진 이 자연을 더욱 눈여겨 사랑하게 되고 그리고 애틋하게 바라보게 된다.

그리고 우리로 인해서 더욱 고통받은 자연을 생각할 때에 마음 깊이 미안함과 아픔을 느끼게 된다.

언제쯤일까?

우리가 그 모든 죄와 허물을 벗고 진정 인간답게 살 수 있는 날들이.

그리고 자연과 더불어 하나님의 은혜를 찬양하며 마음껏 기쁨의 교감을 나눌 수 있는 날들이.

아마도 저 천국에서나 그날들이 가능할 것이다.

조용한 아픔 속에 그날들을 바라보면서 흐르는 시내 속에 마음의 귀를 기울인다.

부활의 계절, 이 아름다운 날씨와 찬란한 생명을 주신 주님께 다시금 감사와 영광을 돌리며 말씀 속에 주님을 기다려 본다.

며칠 전 외국 유학생들의 종강채플이 있었다.

양부모 교수님들은 맡겨진 외국 학생 자녀들을 위하여 온 정성을 기울였다.

채플의 메시지는 행복의 열쇠였다.

하나님은 우리 모두에게 자물쇠가 달린 행복의 가방을 주셨다.

그 가방을 열기 위해서는 맞는 열쇠가 필요하다.

그 열쇠는 십자가의 사랑이다.

우리는 십자가의 사랑을 알아야 하며 또한 그 사랑을 행할 때 행복의 가방은 열릴 수 있다.

모든 학생은 화면 속의 예수님의 십자가에 시선이 모였다.

감사한 것은 많은 중국, 몽골, 우즈베키스탄 유학생들이 마음에 그 열쇠를 소유하게 되었으며 하나님의 자녀로 변화되고 있다.

하나님은 김천대학교를 사랑하셔서 많은 외국 학생들을 보내주고 계시다.

우리는 외국 학생들을 선교의 씨앗으로 생각하면서 생명의 빛으로 만들고자 힘을 기울이고 있다.

많은 크리스천 교수님들은 양부모님이 되어서 하나님의 사랑을 삶으로 몸소 보여주고 계신다.

덕분에 한국말을 모르던 학생들도 이제는 예수님의 이름을 부르면서 중생의 새 생명이 탄생하고 있다.

마지막 순서에 유학생들이 양부모 교수님을 안아 주는 시간을 가졌다.

저들은 "아버지, 어머니, 사랑합니다."

고백하면서 두 팔로 교수님들을 감싸 안았다.

눈물이 우리 모두의 가슴속에 고여 왔다.

행복의 열쇠는 사랑 속에 있었다.

주님의 사랑 속에 우리 모두는 하나가 되었고 천국의 행복이 국제 종강 예배시간에 강처럼 흐르고 있었다.

십자가의 사랑이 아니라면 우리가 이렇게 사랑할 수도 없고 이렇게 행복할 수도 없을 것이다.

행복은 사랑을 주는 데 있다.

예수님이 십자가에서 아낌없이 사랑을 주셨듯이 우리도 세계에서 맡겨주신 귀한 생명을 향하여 주님의 그 사랑을 아낌없이 퍼주어야 할 것이다.

그것이 주님의 영광을 위하여 우리가 존재하는 이유이다.

오늘도 우리 위해 흘려주신 십자가의 보혈을 마음으로 바라보면서 김천대학교가 세계 선교의 못자리가 되기를 간절히 소원해 본다.

심는 대로 거두리라

우리 대학이 더 발전하기 위해서 동료 직원들과 함께 여러 대학을 다녀왔다.

그곳에서 우리는 많은 것을 배울 수 있었다.

우리는 함께 배울 수 있음에 무척 기뻐했고 감사했다.

또한, 우리들의 부족을 어떻게 보완할지 서로의 의견을 나누었다.

여정을 끝내고 밤늦게 우리 대학에 도착했다.

교정에 들어서자 표현할 수 없는 감동과 따스함이 가슴에 밀려왔다.

고향 같은 곳! 그것이 우리의 직장, 우리의 대학이었다.

나는 마음의 감동을 느끼며 옆의 동료 직원에게 물어보았다.

"지금 우리 대학에 도착했는데 느낀 점을 듣고 싶습니다."

그들은 이렇게 표현했다.

"웅장하거나 거대하진 않지만 포근하게 감싸주고 마음의 안식을 주는 고향 같은 우리의 직장, 우리의 대학입니다. 밤늦게 피곤한 몸으로 도착했는데도 마음은 너무나 행복합니다."

그 말을 듣고 나의 마음은 무척 기뻤다.

그동안 우리는 앞만 보고 함께 달려왔다.

고령 인구와 젊은 층의 탈(脫) 지방으로, 지방대학의 현실은 너무나 어렵기 때문이다.

하지만 우리는 꿈을 갖고 있었기에 서로를 격려하면서 24시간 함께 달려온 것이다.

가슴이 저린 날도 많이 있었지만, 우리 가슴속에는 수천 명의 학생들과 교직원들이 있었기에 우리는 머뭇거리거나 주저앉을 수 없었다.

그래서 우리는 밤과 낮으로 더위와 추위에도 불구하고 피와 그리고 땀방울을 쏟으면서 함께 달려온 것이다.

그리고 이제 그 열매인, 고향같이 따스하고 아름다운 이곳에서 우리는 진정한 평화와 쉼을 같이 느끼게 된 것이다.

동료의 진한 고백 속에 우리는 깊은 감동을 서로가 느끼게 되었다.

그렇다. 희생 뒤에는 반드시 달콤한 열매가 있는 것이다.

그 땀방울이 굵을수록 그 쉼과 그 열매는 더욱 가치 있고 행복할 것이다.

당신은 직장을 위해 최선을 다하는가?

당신은 그 땀방울의 열매를 위해 오늘도 얼마나 뛰고 있는가?

주님은 말씀하신다.

"사람이 무엇을 심든지 그대로 거두리라……."

머지않아 당신은 그 수고의 열매를 기쁨 속에 나누게 될 것이다.

함께 뛴 소중한 당신들의 동료와 함께…….

그리고 하나님은 당신을 통해서 그 직장을 하나님의 소중한 나라로 점점 확장해 나가실 것이다.

그때까지

얼마 전, 사랑하는 동생의 목사안수식이 있었다.

목사님 권면의 말씀이 마음을 새롭게 두드렸다.

그 메시지의 내용은

"첫째 성결한 목자가 되라.

둘째 주님의 모범을 따르라.

셋째 주님의 마음을 품고 주님의 멍에를 메고 가라"

는 권면의 말씀이셨다.

십오 년 전 미국에서 목사안수를 받던 그때가 생각났다.

그리고 나의 지난날을 돌아보게 되었다.

나는 그리스도의 모범을 지금도 따르고 있는가?

하나님 앞에서 늘 성결한 마음과 생각으로 행동하고 있는가?

그리고 주님의 마음을 품고 주님만을 사랑하며 주님의 양떼들을 섬기며 살고 있는가?

자신을 돌아보니 부끄러움이 앞선다.

오늘 주님 앞에 선다면 주님은 과연 무엇이라 말씀하실까?

"착하고 충성된 종아, 네가 작은 일에 충성했으니 더 크고 귀한 것으로 맡기겠다"고 하실 것인가 아니면 악하고 게으른 종으로 책망받을 것인가?

조용히 자신을 되돌아보게 되었다.

그리고 날마다의 날들이 주님 선물로 주신 귀한 날들이기에 이제라도 더욱 마음의 허리띠를 매고 고귀한 이 길을 신실하게 걸어야겠다.

이 길은 참으로 순교자의 길이요, 험한 길이다.

자기를 부인하는 길이요, 고난과 섬김의 길이다.

그러나 우리 다시 태어나도 은혜로 맡겨주신 십자가 증인 됨의 이 길을 믿음으로 걷기로 하자.

가는 길에 쓰러지고 눈물 많이 흘릴지라도 십자가 등에 지고 다시금 일어서자.

내 고향 저 천국 빛나는 주님의 얼굴을 뵈옵고 그 사랑의 주님 품에 안길 때까지 묵묵히 이 길을 걸어가자.

얼룩진 멍든 가슴 그러나 여전히 양떼를 품에 안고서 주님 지워주신 사명의 십자가 말없이 신실하게 지기로 하자.

머지않아 이 길 끝에는 사랑의 주님이 두 팔 벌려 날 안아 주리니 얼룩진 눈물은 행복의 미소로 바뀔 것이며 지친 머리에는 찬란한 면류관이 쓰일 것이다.

그때까지 주님과 함께 이 길을 걷기로 하자.

그때까지 변함없이 주님을 사랑하며 죽도록 충성하기로 하자.

축복의 통로

오월은 가정의 달이다.

하나님은 우리의 가정을 통하여 진정한 행복과 평안을 자녀에게 부어주시기 원하신다.

그리고 그 행복과 평안의 길은 가정에서부터 하나님의 말씀이 교육될 때 축복 속에 자녀들에게 임할 것이다.

유대인들은 쉐마교육에 목숨을 건다.

저들은 구약성경을 가르치기 위하여 나라가 없었을 때도 자신의 모국어를 철저히 가르쳐 왔다.

그리고 그 중심사상은 신명기 6장의 말씀이다.

"들어라, 이스라엘아! 네 하나님은 한 분뿐인 하나님이니 너는 마음을 다하고 목숨을 다하고 힘을 다하여 주 너의 하나님을 사랑하라. 그리고 네 이웃을 네 몸처럼 사랑하라"는 말씀을 늘 암송하고 또 자녀에게 가르쳐 왔다.

그것이 나라 없이 2천 년간 온갖 고난 속에서도 저들을 지탱해 온 힘이다.

그런데 우리는 어떠한가.

유대인들은 수많은 핍박과 고난의 악조건에도 불구하고 자신들의 언어와 글을 최우선으로 지켜 왔다.

저들은 무엇보다도 구약의 말씀을 생명처럼 여기며 가정에서 아버지가 지속적으로 자녀들을 가르쳐 왔다.

하지만 우리나라의 재외동포 중에는 모국어를 잃어버리고 또한 자녀에게 가르치지 않는 사람이 많이 있다.

이것은 안타까운 일이다.

하나님은 가정에서 말씀을 통하여 자녀에게 평안과 축복을 주시기를 원하신다.

그리고 그것은 진리가 배워질 때 가능한 것이다.

하나님은 유일하신 하나님이며 우리의 창조자, 구원자 그리고 아버지 되신다.

하나님은 우리의 구원을 위하여 십자가상에서 마지막 피 한 방울까지 다 흘려주셨다.

그리고 사흘 만에 부활하셨다.

당신은 이 진리를 믿고 있는가?

당신은 평안과 행복의 길을 자녀에게 베풀기를 원하는가?

이것이 하나님이 우리에게 원하시는 축복의 길인 것이다.

이 시간 우리는 우리들의 가정이 하나님의 사랑 속에 축복과 행복의 통로가 되도록 자녀들에게 늘 진리를 가르쳐야 한다.

이것이 주님이 우리에게 원하시는 생명의 명령인 것이다.

은쟁반의 금 사과

살면서 때로 우린 갈등하곤 한다.

오늘 귀한 벗과 마음의 조율을 하느라고 많은 대화와 많은 시간을 보냈다.

후련한 것 같기도 하고 가슴 아픈 것 같기도 하다.

진실로 커뮤니케이션은 하나님이 우리 인간에게 주신 소중한 선물이다.

그러나 어떻게 대화하느냐에 따라 그 대화는 격려나 깊은 상처가 되기도 한다.

성경에 "때에 맞는 적절한 말은 아로새긴 은쟁반의 금 사과"라고 하였다.

주님은 모든 성도에게 이러한 아름다운 언어생활을 기대하신다.

우리 이 시간 자신을 돌아보기로 하자.

오늘 우리는 만남 속에서 어떻게 대화하며 살아왔는가?

나는 오늘 나의 갈등을 어떻게 풀었는가?

은쟁반의 금 사과였는가, 아니면 종이쟁반 속의 구리 사과였는가?

말을 잘하는 것 그리고 잘 들으면서 사는 것, 이것은 우리 인생에서 행복의 비결 중 하나일 것이다.

그러나 잘 말하고 잘 듣는 일이 얼마나 어려운지 이것은 학벌로도 돈으로도 지위로도 될 수 없는 어려운 일이다.

하지만 한 가지, 주님의 마음을 품고 살아간다면 우리의 거친 언어는 변하여 은혜의 언어가 될 수 있을 것이다.

그런데 어떻게 주님의 마음을 품을 것인가?

그것은 매 순간 자기 생각과 고집을 비우며 하나님의 말씀과 하나님으로 채우는 일이다.

그리고 상대를 존중하며 주님만을 바라보는 일이다.

그런데 우리는 그렇게 살고 있는가?

주님은 우리의 대화들로 인하여 기뻐하고 계시는가?

이 시간 우리 자신을 돌아보기로 하자.

주님은 사람이 무슨 말을 하든지 심판 날에 이에 대해 심판을 받는다고 하셨다.

때문에 주님은 우리의 언어가 진실하고 은혜롭기를 원하신다.

나는 오늘 어떻게 말하며 살아왔는가?

나의 입술은 은쟁반의 금 사과처럼 진실한 사랑의 언어였던가?

조용히 주님 앞에 자신을 돌아보면서 이 시간 우리의 아집과 습관을 내려놓기로 하자.

그리고 우리 가슴에는 오직 주님으로만, 그리고 하나님 나라의 소원으로만 가득 채우며 우리의 거친 입술이 은혜와 회복의 입술이 되기를 간절히 소원해 보자.

테니스대회

얼마 전, 지역의 선생님들을 초청하여 테니스대회를 통한 교육가족 축제를 가졌다.

원근 각처에서 소중한 선생님들이 참석하였다.

우리 대학의 전 교직원들은 정성을 다하여 섬기려고 노력하였다.

하지만 뜨거운 날씨이다 보니 대접이 쉽지 않았다.

수박과 김치전, 국수 등등 우리는 정성을 다하였다.

교수님들은 참석하신 여러 학교의 선생님들을 모시려고 더운 날씨에도 혼신의 힘을 다하셨다.

얼마나 그 모습들이 아름다웠던지…….

교수와 직원과 학생이 하나가 되어 지역의 선생님들을 정성을 다하여 섬기는 날이었다.

소도시 지역의 선생님들은 수고가 너무 많다.

더군다나 교육정책이 해마다 바뀌며, 또한 학생들의 태도도 예전과 많이 다르기에 선생님들의 설 자리가 점점 적어지고 있다.

그러나 우리는 여전히 저들을 존경하며 사랑한다.

지하자원 없는 우리나라가 세계 강대국 안에 들게 된 것은 교육의 열정 속에 뛰어난 인재들이 있었기 때문이며, 그 뒤에는 교육을 위하여 일생을 헌신하신 저들, 고마운 선생님들이 계셨기 때문이다.

예전에는 선생님들의 그림자도 밟지 않고 존경을 했었다.

그러나 요즈음은 영 말이 아니다.

하지만 우리는 이 시대의 진정한 애국자는 바로 저들 선생님임을 마음으로 느낀다.

그리고 우리는 저들을 존경하며 섬기며 마음을 함께하기를 원한다.

그것만이 이 땅의 진정한 교육이 살 수 있는 강력한 길이기 때문이다.

스승을 스승으로 존경하며 스승의 가르침을 가슴에 품고 사는 것은 하나님이 가장 기뻐하는 제자 됨의 모습일 것이다.

그리고 진정한 스승의 모델은 바로 예수님 자신임을 마음속에 다시금 기억해 본다.

오늘도 땀방울 흘리며 환한 미소 속에 섬기고 있는 아름다운 교육가족의 모습이 가슴 깊이 감동으로 스쳐 간다.

특별히 오늘 이곳에 참여했던 모든 선생님에게 한없는 위로와 기쁨이 있기를 소원해 보았다.

그리고 우리의 영원한 스승 되신 예수님께서 저들과 우리 모두의 삶을 진리와 보람 가운데 언제나 인도해 주시기를 마음 깊이 기원해 보았다.

주님의 품

집에 고양이가 여러 마리 있다.

그 고양이들은 성격이 제각기 다르다.

그러나 어느 고양이든지 나의 아들을 무척 따르고 또 아들 방에 있기를 즐긴다.

그래서인지 아들 옷에는 늘 고양이 털이 붙어 있다.

어제도 아들 바지에 노란 고양이 털이 많이 붙어 있었다.

그러나 아들은 조금도 화를 내지 않았다.

그리고 옷에 붙어 있는 털의 색을 보며 성격이 가장 수줍은 막내 고양이라고 말하면서 아들은 그 고양이를 사랑한다고 고백하였다.

그 고양이는 자기를 기다리고 또 자기 체취를 사랑해서 자기 옷에 들어가 잠을 잔 것이라고 오히려 사랑스러워하였다.

고양이들을 사랑하다 보니 그 사랑을 아는 고양이들은 늘 아들을 기다리곤 한다.

그래서 그의 체취를 맡으며 아들을 그리워하고 아들 옷에 들어가

기다리다 잠이 들었다.

사랑이란, 인간과 동물 사이에서도 언어를 초월하는 언어임을 느끼게 된다.

그리고 그토록 생명을 사랑하는 아들이 고마웠다.

그렇다.

하나님은 우리를 사랑하시고 우리의 모든 부족함까지도 긍휼히 여기시며 받아 주신다.

그리고 우리가 주님의 품이 그리워서 주님께 안길 때마다 주님은 우리를 있는 그대로 받아주신다.

우리는 주님의 모습을 더욱 그리워하며 날마다 주님 곁에 맴돌아야 한다.

마리아와 마르다라는 여인이 있었다.

마르다는 주님께 좋은 음식을 많이 드리고 싶어서 주님 곁에서 떠나 부엌에서 분주히 시간을 보냈다.

그러나 마리아는 주님을 사랑하여 주님 곁을 떠나지 않고 그 말씀에 경청하고 있었고, 그러한 마리아를 주님은 더 기뻐하셨다.

주님은 우리의 삶이 마리아처럼 언제나 주님 곁에 머무르기를 원하신다.

우리에게 냄새가 나든 말투가 어눌하든 그 모든 것이 주님에게는 사랑스러운 고양이 털과 같은 것이다.

그리고 주님은 가슴을 열면서, 우리가 주님 품에 안긴 모습 그대로 기도하며 간구하기를 원하신다.

가슴에 막내 고양이를 안고 그 머리를 쓰다듬으며 오늘도 주님께 이 모습 이대로 안겨 보련다.

고난의 열매

우리는 고난의 인물, 욥을 기억한다.

그는 동방의 의인이었고 하나님 앞에서 흠이 없는 사람이었다.

하지만 어느 날인가부터 그의 많던 재산은 파산되었고 사랑하던 자녀는 다 죽고 말았다.

그리고 그의 아내는 그를 저주하며 떠나 버렸다.

설상가상으로 그는 몸에 더러운 종기가 나 심한 고통 속에 신음하게 되었다.

우리는 살면서 욥처럼 많은 고난에 직면하게 된다.

가슴에서 고통의 뜨거움이 입김으로 토해져 나오고, 피 마르는 기도 속에 울부짖기도 한다.

하지만 시간이 지남에 따라 이 모든 것은 우리의 유익을 위한 하나님의 계획임을 깨닫고 오히려 하늘을 우러러 감사의 시간을 갖게 된다.

고난은 크리스천에게는 변장된 축복일 뿐이다.

성경의 말씀대로, 시련은 인내를, 인내는 연단을, 연단은 소망을 이루게 하기 때문이다.

얼마 전, 나의 삶 속에서도 어려움이 있었다.

그 고난은 나를 기도의 동산으로 올라가게 했으며 그곳에서 눈물겨운 기도의 씨름을 하게 하였다.

뜨거운 눈물과 입김이 한동안 터져 나온 후 로뎀나무 아래의 엘리야처럼 주 앞에서 쓰러져 누워 버렸다.

그러나 까마귀를 통해 위로와 힘을 주신 하나님은 그 자녀의 울부짖는 기도에 반드시 응답해 주셨다.

비 온 뒤에 하늘이 더 맑아지듯 고난 뒤에 우리의 영혼이 더 청아해짐을 느끼면서 소중한 주님이 더 가까이 계심을 알게 되었다.

그래서 믿는 자에겐 모든 것이 합동하여 유익한 선을 이루게 되는 것이다.

지금 울고 있는 자가 있는가?

뜨거운 부르짖음으로 그 입술이 헤진 자가 있는가?

분명코 주님을 향한 그 애절한 울부짖음은 반드시 응답이 있을 것이다.

새벽이 오기 전이 가장 어두운 법이며 그 캄캄한 고통의 밤에 피흘린 주님의 두 손이 외로운 당신을 붙들어 주시기 때문이다.

그리고 "귀로만 듣던 하나님을 이제 눈으로 뵈옵니다"라는 욥의 고백처럼 더 성숙한 영혼의 승리가 고난의 열매로 당신에게 주어질 것이기 때문이다.

세계 속에 은혜의 빛줄기를……

어제 외국 학생들의 졸업식이 있었다.

언어도 다르고 문화도 다른 이국에서의 연약한 유학생들이다.

우리 대학의 교수님들은 저들을 자식으로 삼아 양부모 역할 속에 건강한 유학생활이 되도록 도와주고 있다.

그러나 사실 우리는 선교의 씨앗을 심고 선교사 나무를 키우는 중이다.

요즘은 이슬람교가 빠르게 확산되고 있다.

반면 기독교는 여러 나라에서 많은 탄압으로 어려움을 당하고 있다.

때문에 하나님 나라의 확장은 심히 어려운 일이다.

그래서 사망 속에 있는 저들에게 생명 빛을 비추는 길은 오직 하나님의 말씀과 하나님의 사랑밖에 없다.

우리 대학은 이러한 정신 속에 세계 선교의 못자리, 선교대학의 정책을 펴고 있다.

무엇보다 하나님이 안겨 주신 유학생들을 가슴으로 품어 주면서 저들에게 하나님의 사랑을 전하고자 노력하고 있다.

그래서 우리의 교수님들은 양부모로서 헌신하게 되었다.

교수님들은 진로상담과 신앙상담을 하거나 생일이 있으면 생일파티, 몸이 아픈 학생이 있으면 함께 병원을 가기도 하고 또 경제적인 어려움이 있으면 함께 고민하기도 하는, 희생적인 부모님들인 것이다.

너무나 고마운 동역자들이다.

우리의 바람은 저들이 고국에 돌아가서 하나님의 사랑의 도구가 되는 것이다.

그래서 저들의 부모님과 형제자매들에게 하나님의 사랑을 알려주는 가정 선교사가 되기를 소망한다.

우리 대학에서는 이러한 이유 속에 글로벌 인재연구 관리팀을 기획하고 있다.

그 팀에서는 세계에 있는 우리 대학의 아들딸들을 네트워크로 연결하여 하나님의 끊임없는 사랑을 지속적으로 교육하며 저들과 함께 아름다운 하나님의 나라를 이룩하기를 양육 속에 기획하고 있다.

세계를 품고 세계를 하나님께 올려드리는 일, 그것은 오직 하나님의 사람을 통해서만 그리고 사랑을 통해서만 가능한 일이다.

우리의 몸부림이 비록 더디고 작을지라도 생명은 반드시 역사하며 사명은 은혜의 빛줄기 속에서 그 열매를 거둘 것이다.

오늘 졸업하는 우리의 유학생 아들딸들 위에 하나님의 은혜의 빛줄기가 가득하기를 기원해 보며 저들과 저들의 나라 위에 영생을 간구해 본다.

기다림의 열매

인생에서 어려움은 기다림이다.

사랑하는 이의 기다림이 어렵고 꿈의 실현을 기다림이 어렵다.

그러나 주님은 절대 서두르지 않으신다.

우리 민족은 조급증의 병이 있다.

하지만 주님은 이스라엘을 출애굽 시키신 후 40여 년을 광야에서 거하게 하신 후에야 가나안 땅으로 인도하셨다.

그 40년의 세월은 교만과 자아가 꺾이며 순종과 겸손의 성품으로 변화받는 훈련의 기간이었다.

하나님은 축복 이전에 그릇을 준비하신다.

더 성결하고 더 신실한 성품으로 변화될 때에야 축복의 은혜를 그 그릇에 채우시기 때문이다.

우리는 어떠한가?

우리는 다듬어져야 할 연약한 어떠한 부분이 있지 않은가?

주님은 오늘도 허물어진 그곳을 고쳐 주시길 원하신다.

그래서 기다림과 인내의 학교로 우리를 이끄시며 두 눈에 뜨거운 눈물을 흘리게 하신 후에 겸손히 주님만을 바라보게 하는 것이다.

이 인내의 기다림의 시간은 무척 고통스럽다.

하지만 이 기다림의 시간에 자기를 부인하고 감사와 찬양 속에 겸손히 주님만을 바라볼 수 있다면 고난의 그 기다림의 시간은 단축될 수 있을 것이다.

기다림의 열매는 겸손과 성결함 속에 주님의 성품을 닮아가는 일이기 때문이다.

주님은 오늘도 우리의 일보다는 성품이 더 주님 닮기를 원하시며 그리될 때에 우리를 통하여 세상을 치유하시고 회복시키실 수 있기 때문이다.

그래서 주님은 기다림의 고통 속에 오늘도 그렇게 우리를 빚어 가시는 것이다.

지금 기다림에 지친 무릎이 있는가?

낙심하지 말고 소망 중에 하늘을 우러르자.

그리고 우리의 허물어진 약한 부분을 주님께 정직하게 아뢰자.

주님은 우리의 기도를 들어 주셔서 추하고 부족한 성품을 고쳐주시며 향기 나는 하나님의 형상으로 채워 주실 것이다.

그리고 기다림의 그 열매는 우리의 삶과 사회를 조금 더 아름답고 조금 더 정하게 만들어 갈 것이다.

하나님이 기뻐하시는 사람

하나님이 기뻐하시는 사람, 이것이 우리의 소원이다.

사울은 하나님이 뽑으신 리더이다.

그러나 그는 사람을 두려워한 나머지 망령되이 행동하였다.

그는 하나님을 두려워하며 하나님의 말씀을 소중히 여기는 자가 아니었다.

그는 인간의 인기와 인간의 승리 그리고 인간의 명예에 목말라하였다.

그것이 그의 덫이었고 그것이 하나님의 마음을 아프게 하였다.

그 결과 그는 하나님 눈에 벗어나게 되었고 그의 나라는 하나님이 접게 되었다.

그리고 하나님은 또 다른 인물을 눈여겨보았다.

그는 양떼 속에서 책임을 다하고 있던 어린 다윗이었다.

하나님은 "그를 만나니 마음에 들었다"고 말씀하셨다.

이것이 우리의 희망의 메시지이다.

다윗의 무엇이 마음에 들었을까?

다윗은 하나님을 사랑했다.

인본주의가 아니라 언제나 아버지 하나님을 늘 가슴에 품고 사는 신본주의의 삶을 그는 살았다.

그는 하나님의 이름을 소중히 여겼고 사랑했고 그의 말씀을 늘 음미하면서 기뻐하였다.

그리고 그는 말씀을 교훈 삼아 등불처럼 그를 밝히며 한 걸음 한 걸음 함께 걸어갔다.

흑암 속이든 광명 속이든 말씀만이 그의 기쁨이고 그의 사랑이며 그의 행복이었다.

이것이 그의 신앙과 그의 인생을 하나님이 기뻐하는 자로 서게 하였고, 진정한 성도의 모범을 우리에게 갖게 하였다.

요즈음 수많은 뉴스가 우리의 마음을 빼앗는다.

하지만 이것은 그리 좋은 일이 아니다.

세월은 살같이 빠르며 하나님은 날마다 우리를 눈여겨보시기 때문이다.

하나님은 우리의 마음을 원하신다.

먼저 하나님의 말씀과 하나님의 뜻과 하나님의 뉴스에 귀를 기울이고 마음을 드리고 산다면, 그 모든 정보의 뉴스 속에서도 주님은 지혜로 함께하실 것이다.

그것이 믿음으로 하나님이 기뻐하는 삶을 사는 자가 아닌가 생각한다.

그런데 당신은 어떠한가.

당신은 다윗처럼 그 마음이 말씀을 향하여 날마다 살아가고 있는가?

아니라면 부디 오늘부터라도 다시 시작하는 아름다운 새로운 결단이 있기를 간절히 바란다.

그 길이 하나님이 기뻐하는 참 의미 있는 승리의 삶이기 때문이다.

믿음의 씨앗

올해 교정에 꽃씨를 뿌리고 묘목을 많이 심었다.

학생들에게 좀 더 나은 환경을 만들어 주고 싶어서이다.

이스라엘에는 어린이가 태어나면 나무를 한 그루 심는 풍습이 있다.

그 나무는 그 아이의 인생과 함께 커 간다.

나무를 가꾸듯 그 인생을 가꾸며 사는 것이다.

인생은 날마다 씨를 뿌리고 심는 행위와 같다.

우리는 날마다 좋은 씨든 나쁜 씨든 씨를 뿌리며 살고 있다.

좋은 씨를 뿌리면 좋은 열매를 거두고, 나쁜 씨를 뿌리면 나쁜 열매를 거둘 것이다.

성경에는 사람이 무엇을 심던지 그대로 거둔다고 말씀하신다.

요즘 우리 사회는 심히 혼란하다.

이것은 가라지가 이 사회에 많이 뿌려졌다는 증거이다.

그러나 성경은, 가라지를 뽑으려다 알곡까지 다치게 할까 염려하신다.

진정한 옳음은 그 열매를 보아 알 것이며 진정한 인정은 주님 보시기에 합당한 삶이어야 한다.

우리는 서로에게 손가락질하는 행동을 자제해야 한다.

그리고 서로의 입장에서 생각하는 이해와 관용의 마음을 넓혀야 한다.

오직 자신을 바라보며, 네 탓이라고 하기 전에 나의 부족임을 성찰해야 한다.

그리고 이제부터라도 좋은 마음, 좋은 생각 속에 진실한 사랑의 씨를 뿌려야 한다. 비록 싹이 더디 날지라도 생명 있는 씨는 반드시 태어나서 자라게 되어 있다.

혼탁한 사회 속에서도 말씀 속에 자신을 지켜라.

청결한 마음속에 소중한 사랑의 씨가 내 안에, 내 이웃에게 자라게 하라.

머지않아 가을비 늦은 비 내린 후에 그 싹은 아름다운 열매를 진실로 거둘 날이 있을 것이다.

하나님은 살아계신다.

하나님은 무엇보다 사랑의 신실한 믿음의 씨앗을 귀히 여기신다.

그리고 우리가 그 씨앗을 아끼듯 주님은 그러한 우리를 아껴 주실 것이다.

그리고 이 혼탁한 세상 속에서 그러한 우리를 지켜 주실 것이며 마침내 우리를 인생의 진정한 승리자로 만들어 주실 것이다.

그때까지 우리 용기 잃지 말고 믿음의 씨앗, 사랑의 씨앗을 좀 더 많이 뿌리기로 하자.

그리고 인내하며 소중히 가꾸어 나가자.

나는 죽은 자이다

며칠을 금식하며 기도에 매달렸다.

하지만 삶은 그대로였다.

원망과 불평의 입술은 비수처럼 침입해 들었다.

어쩔 수 없는 인격의 한계 앞에 땅을 치었다.

왜 그럴까?

그토록 성결 되고 주님 뜻 가운데 살기를 원하는데, 입술로는 크리스천이지만 삶으로는 부족한 자신이 너무나 부끄러웠다.

갑자기 주님의 말씀이 생각났다.

"아무든지 나를 따라오려거든 자기를 부인하고 자기 십자가를 지고 나를 따를 것이니라." (마태 16 : 24)

그렇다. 그것이었다.

우리는 자기 십자가를 지지 않고 주님의 십자가만 목에 걸고 주님을 따랐던 것이었다.

주님은 우리가 이미 주님과 함께 죽었다고 선포하셨다.

그래서 그 십자가가 우리의 생각과 가슴속에 늘 머물러 있어야 하며 우리는 죄에 대해 날마다 죽은 자로 살아가야 한다.

그러할 때에 우리의 삶은 하나님 앞에서 거룩해질 수 있게 된다.

그러나 우리는 죽은 자로 살지 않고 단지 죽고 싶어 하는 자로 살기 때문에 조금만 힘이 들면 옛 자아가 꿈틀거리며 죄의 노예로 다시 살곤 하는 것이다.

모든 크리스천은 자신의 더러움 때문에 주님과 함께 십자가에서 이미 죽은 자이다.

그리고 죽음은 우리를 죄에 대하여 자유와 해방을 갖게 한다.

또한, 죽은 자에게만 예수 안에서 부활의 생명의 능력이 임하게 된다.

하나님은 우리에게 성령 안에서 생명과 자유의 삶을 부여하며 부활의 승리의 삶을 주시기 원하신다.

오직 죽음의 요단강을 건너는 자, 그가 그것을 얻을 수 있을 것이다.

주님의 십자가를 자기 십자가로 인정하며 옛 자아에 대해 날마다 못 박힌 자가 성령의 능력과 승리의 삶을 소유하게 될 것이다.

온전한 인격을 갈망하는가?

더 나은 천국을 소망하는가?

시체는 물어뜯어도 말이 없다.

세상에 대해 못 박힌 자, 그는 예수 안에 있는 승리의 길을 걸어갈 수 있을 것이다.

죽음 없이 부활도 있을 수 없기 때문이다.

시냇가에 심기운 나무

불볕더위가 찾아왔다.

친구 목사님과 함께 갑천 변을 걸었다.

징검다리가 나타났다.

우리는 그 징검다리를 건너가다가 다리 한가운데 큰 바윗돌들을 발견했다.

우리는 그 바위 위에 걸터앉아 다리를 시냇물에 담갔다.

문득, 우리 몸의 80%가 물이며 성령님 자신을 늘 생수로 표현하심이 생각났다.

그래서 물이 이토록 좋게 느껴지는 것인지…….

흐르는 물의 기운을 몸으로 느끼면서 시편 1편을 묵상했다.

"복 있는 사람은 시냇가에 심기운 나무 같으니 그는 그 잎사귀가 마르지 아니함 같으니 그 행사가 다 형통하리로다."

이 시냇가의 심기운 나무는 그 뿌리를 물가에 대고 있기에 가뭄과 기근에도 푸를 수 있는 것이고 열매가 그치지 않는 것이다.

그리고 뿌리가 담긴 그 물은 생수이신 하나님과 그의 말씀이시다.

이 복 있는 자는 하나님의 말씀을 늘 기뻐하며 마음을 다해 주야로 그 말씀을 묵상하고 생각으로 마음으로 하나님의 기운을 힘껏 빨아들이는 자이다.

그래서 그는 시냇가 나무처럼 언제나 싱싱하며 그 열매가 늘 맺혀 있는 것이다.

우리는 어떠한가?

시내에 발을 담그고 있다 하지만 날마다 말씀의 물속에 생각과 마음의 뿌리를 담그면서 하나님의 뜻을 힘껏 섭취하며 살고 있는지…….

진실로 시냇가에 심기운 나무로 살고 있는지 자신을 살펴보게 된다.

더운 여름 인생의 진정한 기쁨은 생수이신 하나님과 오직 그의 말씀 속에 있음을 깨달으면서 우리의 삶이 시냇가의 나무가 되기를 간절히 기도해 보았다.

당신의 기쁨, 당신의 마음, 당신의 생각의 뿌리는 오늘도 생명의 물이신 하나님과 그의 말씀 안에 깊이 잠겨 있는지…….

당신도 시냇가의 심기운 복 있는 나무로 오늘도 살고 있는지 이 더운 여름에 우리 스스로 질문을 던져 보기로 하자.

뉴올리언스

나는 20여 년 전 가족과 함께 뉴올리언스에 갔던 기억이 있다.

프랑스풍의 아름다운 역사적인 도시였고 커다란 유람선이 관광객을 태우며 행복해하던 아름다운 도시였다.

어제 TV 속에서, 몇 년 전 뉴올리언스를 태풍 카타리나가 강타한 참혹한 장면과 그 후의 황폐함을 보여주었다.

뉴올리언스에 대한 아름다운 추억이 있었기에 그 황폐함이 가슴을 아리게 하였다.

뉴올리언스 시민 중에 어떤 이는 태풍에도 해 받지 않을 견고한 집을 지어서 선을 보였다.

특별한 집이었다.

해설자는 물 위의 도시를 건설하는 아이디어를 제공하기도 하였다.

하지만 인간의 바벨탑을 하나님은 기뻐 않으시고 태풍과 지진 등의 천재지변을 통하여 여전히 심판하신다.

뉴올리언스는 아름다운, 사랑받는 관광도시였다.

하지만 자연의 분노 앞에는 심히 무기력할 뿐이었다.

사람들은 자연피해를 대비해 더 나은 건축양식을 연구하지만 지진과 태풍의 빈도는 갈수록 많아지며 수많은 사상자가 속출할 뿐이다.

성경을 보면 이것은 말세의 한 징조이다.

주님 오실 때가 가까우면 더 많은 지진과 우박과 자연의 이상 현상이 속출하리라고 말씀하신다.

이것은 사람으로 주께 돌아오라는 신호이며, 절대로 자신과 자신의 의를 의지하지 말라는 뜻인 것이다.

진실로 그리하다.

주님만이 우리의 요새요 방패요 피난처이다.

우리는 육의 집을 잘 짓기 전에 먼저 마음에 인생의 집을, 믿음의 집을 잘 지어야 한다.

무엇보다 하늘나라에 우리의 보화와 건축을 잘 짓기를 힘써야 할 것이다.

그곳은 태풍과 해일의 피해가 있을 수 없다.

그곳은 진정 견고한 집, 안전한 곳이기 때문이다.

오늘도 주님은 해일에 맞서서 견고한 건축을 위해 고민하는 인생들을 위해 두 팔을 벌리시고 말씀하신다.

"나만이 너의 요새요, 피난처요, 영생이니 오직 너의 보물을 하늘에 쌓아두라"고.

뉴올리언스의 아픔을 생각하고 이 땅에 진정한 안정과 평화와 피난처는 오직 예수 안에 있음을 생각하면서 하나님 심판의 목소리를 마음 깊이 깨닫고 다시금 믿음에서 믿음으로 걸어야 할 때가 이때라고 생각하게 되었다.

진정한 부요(富饒)함

며칠 전 '한국의 기적'을 배우려고 많은 사람이 유학 온다는 기사를 읽었다.

정말로 반가운 일이다.

우리나라는 6.25를 겪은 뼈아픈 민족이며 구호물품으로 우리의 굶주린 배를 채운 게 불과 얼마 전의 일이다.

그럼에도 불구하고 우리나라는 한강의 기적과 함께 IMF 이후에도 세계가 놀라는 계속된 성장을 이룩하고 있다.

여기에는 몇 가지 중요한 요인들이 있다.

무엇보다도 자녀교육에 대한 우리 부모님들의 강한 희생과 열망을 손꼽고 싶다.

우리의 부모님들은 자신의 불행과 가난을 대물림하고 싶지 않아서 자녀의 교육을 위해 모든 것을 희생해 오셨다.

땅 팔고 소 팔아 자녀의 교육비를 대는 그 희생의 사랑이 우리나라를 세계무대에 올려놓았다.

둘째로 어머님들의 눈물진 기도와 헌신을 기억하게 된다.

원종수 박사, 이명박 대통령 등 가난 속에서 성공한 많은 분의 뒤에는 반드시 기도에 헌신한 경건한 어머니들이 계셨다.

한나의 기도 속에 사무엘과 같은 인물이 탄생하였듯이 하나님은 부르짖는 어머니의 기도에 그렇게 역사하셨다.

셋째로 선교의 나라에 대해 지극한 하나님의 사랑 때문이다.

우리나라는 선교 2위국이다.

지금도 단기 · 장기 선교사들이 아프리카, 동남아 등으로 그 헌신의 발걸음을 옮기고 있다.

하나님은 이러한 주의 종들과 선교의 나라를 축복 속에 사랑하신다.

그러나 우리의 경제성장과 축복의 이면에는 하나님의 크신 뜻이 있음을 깨달아야 한다.

부요함은 복음을 위해, 영혼사랑을 위해 주시는 사명의 선물이다.

하나님은 오늘도 하늘에서 지켜보신다.

누가, 그가 주신 물질과 시간으로 어떠한 삶을 살고 있는지.

잘 살고 싶은가?

진실로 부유하고 싶은가?

그렇다면 오직 하나님을 위해 사랑을 위해 날마다 거룩한 투자를 하여라.

그 길만이 진정한 부를 쌓는 길이며, 한강의 기적을 선물로 주신 하나님의 거룩한 뜻이다.

포기하지 않는 기도

얼마 전, 삶의 어려움이 있었다.

베개가 흥건히 젖도록 눈물로 주 앞에 나를 쏟아놓았다.

성경의 가나안 여인이 기억난다. (마태 15 : 21~28)

그녀는 예수님께 딸을 위한 애원의 간구를 드렸다.

그러나 주님은 매정하게 거절하셨다.

자녀의 떡을 취하여 개에게 주는 일이 없다 하시면서…….

우리가 주님께 이러한 모욕을 들었다면 어찌할 것인가?

어쩌면 예수님을 등지고 떠나가거나 영원히 이를 갈며 원망에 빠질 수 있을 것이다.

그러나 그 여인은 그렇지 않았다.

오히려 "옳소이다. 그러나 개라도 주인의 상에서 떨어지는 부스러기를 먹고 삽니다"라고 대답하며 간구함을 멈추지 않았다.

그녀의 이 간절한 간구와 애절한 모성 앞에 우리의 가슴은 찡해짐을 느낀다.

아마도 주님은 이 겸손하고도 간절한 그녀의 믿음과 모성을 우리 모두에게 보여주시고 싶어서 잠시의 매정한 시험을 허락하신 듯 느껴진다.

기도는 우리의 호흡이고 무기이며 삶의 방법이다.

하지만 기도하지 못할 때가 무척 많다.

왜 그럴까?

그것은 우리의 믿음이 지극히 적기 때문이다.

그래서 구하지 않고, 또 구하다가도 응답이 지체되면 포기하고 마는 것이다.

그러나 주님은 살아계시며 기도에 대한 주님의 약속은 확실하다.

오늘도 주님은 기도를 통하여 우리의 삶을 주관하시며 또한 우리를 기도의 용사들로 만들어 가시기 원하신다.

왜냐하면, 기도를 통하여 하나님은 우리를 통치하시며 하늘의 권능이 이 땅에 임하시기 때문이다.

하나님은 우리의 모든 미래를 아시고 또 우리의 해답이다.

오늘도 삶이 어려워 방황하는 자가 있는가?

두려워 말고 연약한 무릎을 주 앞에 꿇자.

그리고 어떠한 시련과 모욕이 올지라도 포기하지 말고 가나안 여인처럼 간절하고도 집요한 믿음의 기도를 주님께 드리자.

오로지 주님은 믿음의 이러한 자를 통하여서 세상을 치유하시며 오늘도 당신을 천국의 주인공으로 세워나가실 것이다.

영혼의 샘

이곳은 중국 산동성 재남시이다.

이곳은 샘이 많은 곳이다.

이곳의 유명한 샘은 70여 개나 되고 그 외에도 수많은 샘이 있다.

샘물은 생명을 상징한다고 한다.

이 산동성에는 지혜로운 공자, 노자, 손자, 병자 등 유명한 스승(성현)들이 많이 활동하였다.

나는 샘물을 사랑한다.

고향집 정원에는 맑은 샘이 있었다.

동네 사람들은 우리 집 샘에 와서 늘 빨래를 하곤 하였다.

겨울에는 따스하고 여름에는 시원한 샘이기 때문이다.

이제 그 샘과 고향집은 하나님의 교회가 서 있는 장소로 바뀌었다.

하지만 여전히 그 샘과 그 추억은 아쉽고 그리울 뿐이다.

이곳 재남에서 솟아나는 샘물들을 바라보면서 나는 이삭을 생각하였다.

이삭은, 파는 곳마다 하나님이 함께하는 샘물의 축복을 받은 자였다.

그 광야 가나안 땅은 물이 생명이었다.

더군다나 목축업 하는 자에게 초원과 물은 생명 그 자체였다.

하지만 광야 길의 물은 그리 많지 않았기에 저들은 늘 이곳저곳을 유랑하였다.

요즈음 우리의 샘은 무엇인가?

우리는 수도꼭지만 틀면 물이 나온다.

그러나 우리는 여전히 목마르다.

그것은 우리가 육의 물로만 살 수 없는 하나님의 자녀이기 때문이다.

우리는 영적 목마름을 갖고 사는 하나님의 사람들이다.

우리는 말씀을 먹어야만 살 수 있고 성령의 샘을 마셔야만 마음의 갈한 목이 쉼을 얻을 수 있다.

우리는 삶 속에서 늘 목이 갈하다.

하지만 우리는 샘을 파기 위해 밖으로 나다닐 필요가 없다.

내 영혼의 생수는 오직 말씀 안에 있으며 그 말씀을 음미할 때 우리 속에서 생수가 솟구치기 때문이다.

성령의 생수는 우리 영혼을 적시우고 갈한 우리네 삶은 다시 기쁨 속에 요동치듯 행복할 수 있기 때문이다.

그런데 당신은 이 생수를, 이 말씀을 그리고 성령을 늘 마시면서 갈함을 채우며 살고 있는가?

아는 것과 사는 것은 별개이듯 행치 않는다면 이미 그것은 죽은 삶이라 말할 수 있겠다.

효

며칠 전 부모님을 뵙고 왔다.

아버님이 많이 허약해지셨다.

언제나 눈에 생기가 넘치셨고 사명과 영혼에 대해 남다른 사랑과 열정이 가득하셨던 아버님이 어느덧 노인이 되신 것이다.

아버님은 만년 청년 같으셨다.

그래서 6·25의 폐허 속에서도 상록수처럼 일어나셨고 수많은 전쟁고아와 미망인들의 부모가 되셨다.

자신의 배고픔보다 수백 명 연약한 자의 고통에 귀를 기울이셨고 오직 신앙과 교육만이 우리의 살길임을 깨닫고 몸소 몸으로 보여주셨다.

이제 그 귀한 아버님이 갈수록 연로해짐을 가슴 아파하며 과연 우리 자손들은 얼마나 성장했는지 뒤돌아보게 된다.

하나님은 모세와 같은 인물은 그 시대 전후에도 없다고 하셨다.

그러나 주님은 그 모세를 데려가셨고 그 뒤를 여호수아에게 맡기셨다.

다행히 여호수아는 모세를 그림자처럼 따라다니며 그 신앙을 배웠다.

여호수아는 모세에 의하여 아름답게 길러진 하나님의 후계자인 것이다.

우리의 부모님들은 믿음의 사람 모세와 같다.

모세는 척박한 광야의 40여 년 동안 하나님의 지팡이를 놓은 적이 없었고, 고난의 여정 중에 애타게 부르짖는 그의 기도를 하나님은 응답해 주셨다.

우리의 아버지 어머니들은 6 · 25의 폐허 속에서도 자신의 피와 땀을 다 바쳐 은혜로 우리를 먹이시고 입혀 주셨다.

밤새 신음하며 고통 속에 기도하셨고 그 눈물 속에 우리를 하나님의 사람으로 키워 주셨다.

이제 세월의 길목에서 우리는 부모님들의 은혜와 사랑 그리고 그 고난을 기억해야 한다.

그리고 아직 남아 있는 우리들의 시간 속에서 진정한 사랑을 배우며 그 인생의 가르침을 사모하며 기억해야 한다.

그 길이 오직 하나님이 기뻐하시는 진정한 교육과 효일 것이다.

“내 아들아, 네 아비의 명령을 지키며 네 어미의 법을 떠나지 말고 그것을 항상 네 마음에 새기며 네 목에 매라. 그것이 너의 다닐 때에 너를 인도하며 너의 잘 때에 너를 보호하며 너의 깰 때에 너로 더불어 말하리니 대저 명령은 등불이요 법은 빛이요 훈계의 책망은 곧 생명의 길이라.” (잠언 6 : 20~23)

영혼의 사랑

할머니 한 분이 길가 벤치에 앉아 계셨다.

택시를 기다리던 나는 전도하고 싶은 마음에 할머니에게로 다가갔다.

그리고 그분의 말씀을 들어 드리기 시작했다.

나는 할머니 곁에 앉아서 할머니 말씀을 들어 드리며 팔을 조용히 주물러 드렸다.

할머니는 무척 기뻐하셨다.

시간이 되어 자리를 일어설 때에 할머니를 꼬옥 안아 드렸다

할머니는 눈에 눈물이 고이며 목이 메어 하셨다.

그분은 너무 외로웠던 것이다.

대화하며 정을 나눌 누군가가 몹시 필요했던 것이다.

나는 꼭 필요한 말 외에는 말을 많이 하지 않았다.

하지만 말씀을 더 많이 들어 드리고 더 많이 함께 있고 꼭 안아 드린 것이 할머니의 마음을 행복하게 한 것 같았다.

주님은 우리에게 전도를 명령하셨다.

그런데 그 전도는 상대의 영혼을 사랑함이 동기여야 한다.

그리고 하나님을 사랑하고 하나님의 명령에 순종함이 그 근본이어야 한다.

나는 조그만 참외 10개를 사 들었다.

그리고 주님이 인도하는 사람에게로 발길을 옮겼다.

영혼을 사랑하는 전도에서 빈손은 내게 왠지 어색했기에, 작은 참외 하나를 드리며 주님의 사랑을 전하고 싶었기 때문이다.

당신은 어떠한가?

당신은 주님의 지상명령에 순종하는 자인가?

그렇다면 영혼사랑 주님사랑을 가슴에 품고 한 손에 빵 하나 들고 밖으로 나아가라.

주님은 준비된 사람을 만나게 할 것이다.

그리고 후회 없도록 그에게 다가가 빵과 함께 주님의 사랑과 당신의 사랑을 보여주어라.

주님은 당신의 두 손과 가슴을 통하여 하나님의 사랑을 표현하실 것이다.

그리고 당신은 영혼의 깊은 기쁨을 느끼게 될 것이다.

주님은 오늘도 당신을 기대하고 계신다.

소중한 영혼의 사랑을 전해줄 주님의 신실한 제자로서의 당신을!

그것이 예수의 피로 구원받은 우리 모두의 진정한 의무이다.

주님의 임재

한 여인이 있었다.

그 여인은 결혼생활 7년 만에 남편이 죽고 홀로 되었다.

하지만 그 여인은 하나님을 사랑했기에 절망하거나 방황하지 않고 성전에서 주야로 금식하며 기도로 헌신해 왔다.

하나님은 그러한 여인을 사랑하셔서 그녀에게 아기 예수로 자신의 모습을 보여주셨다.

우리는 이 여인의 이름이 안나임을 기억한다.

살면서 홀로 되는 사람들은 수없이 많다.

사별, 이혼, 별거 등 그 이유는 다양하지만, 누구나 마지막 인생길은 결국 혼자이다.

하지만 그 외로움의 시간을 어떻게 사용하는가에 따라 그에 대한 하나님의 평가는 달라진다.

주님은 우리가 결코 혼자가 아니며 외로운 자가 아니라고 말씀하신다.

왜냐하면, 우리 속에 주님은 실제로 거하고 계시기 때문이다.

주님은 우리를 고아같이 홀로 내버려두지 않으시겠다고, 오셔서 세상 끝날 때까지 함께하시겠다고 약속하셨다.

그리고 이 약속은 우리가 성령 받음으로 인해 현실화되었다.

문제는 우리의 자아가 너무 강해 주님의 임재를 느끼지 못하거나 아니면 믿지 않고 있는 것이다.

따라서 주님이 함께 계시는 가장 행복할 그 순간에도 우리는 외로워하며 또한 더듬거리고 있는 것이다.

당신은 어떠한가?

외로움 속에서 방황하는 크리스천은 아닌가?

그러나 낙심 말고 다시 한 번 말씀 속에 주님의 약속을 묵상하라.

그리고 당신 안에 이미 계신 하나님을 기억하라.

당신은 하나님이 사랑하시는 지극히 소중한 존재이다.

그 안나는 아기 예수님을 단지 한 번 보았을 뿐이지만 이제 주님은 당신 안에서 영원토록 함께하실 것이다.

때문에 당신은 세상에서 가장 행복한 자 그리고 소중한 자가 된 것이다.

왜냐하면, 주님은 영원한 생명이시고 창조주 하나님이시며 또한 당신의 소중한 사랑이시기 때문이다.

이 시간 거짓된 인생의 외로움 감정을 거절하라.

그리고 함께 계시는 내 안의 가장 소중한 분, 주님을 찬양하라.

이것이 당신 안에 거하시는 당신을 향한 하나님의 거룩한 뜻이기 때문이다.

모처럼 쌀과 라면과 캔디를 들고 지역의 소외된 어르신들을 찾아 나섰다.

두 평 남짓한 방에 할머니가 계셨다.

반만 작동되는 오래된 선풍기에 몸을 의지하며 찾아온 우리를 기쁘게 맞이하셨다.

찬양과 말씀을 나누니 냉장고를 열어 요구르트를 꺼내신다.

그분의 전부인 그것을, 찾아옴이 고마워서 아낌없이 주셨다.

정이 무척 그리웠음이, 가슴 아팠다.

다음으로 환경이 열악한 한 경로당을 찾았다.

그곳에는 자손이 없는 홀로 되신 할머니들이 계셨다.

그분들은 사람이 그리울 때 그곳에서 서로를 만나 마음을 달래며 사시는 것 같았다.

갖고 갔던 라면과 사탕과 쌀을 드리며 사랑을 나누었다.

그리고 이야기 속으로 들어가면서 하나님 아버지의 사랑으로 주제를 이끌어 갔다.

저들은 하나님 아버지 사랑 앞에서 자신의 마음을 열기 시작했다.

하나님 아버지를 마음에 모시고 영접하길 원하시는 분은 박수해 달라고 하자 여기저기서 손뼉을 치었다.

하나님 나라가 확장되어 감을 마음으로 느끼면서 깊은 감사가 입으로 흘러나왔다.

사실 오늘은 무척 힘든 날이었다.

그러나 지역을 돌아보기로 한 그 약속을 지키다 보니 한결 마음이 가벼워짐을 느꼈다.

“너희는 먼저 그의 나라와 그의 의를 구하라”고 하신 주님의 말씀이 생각났다.

그렇다.

삶이 아무리 바쁘다 할지라도 우리는 하나님 나라의 확장을 우선순위로 두고 살아야 한다.

그것이 우리의 삶의 태도이며 삶의 철학이 되어야 한다.

우리가 가지 않는다면 어떻게 하나님 나라가 저들에게 전파될 수 있을 것이며 하나님 사랑과 생명이 그 안에서 약동할 수 있을 것인가?

무더운 날씨에도 불구하고 마음을 같이해 준 대학의 동역자들이 무척 고맙게 생각되었다.

하나님 나라는 우리의 입술과 발걸음을 통하여서 더욱 확장되어 갈 것이다.

그리고 그것이 주님이 우리에게 원하시는 중요한 미션인 것이다.

무더운 여름 어려운 모든 어르신께 하나님의 평안과 사랑이 마음 가득 임하시길 기원 드린다.

여호와 닛시

전화벨이 울렸다.

좋지 않은 소식이 전해졌다.

순간 가슴은 망치로 얻어맞은 듯 아파왔다.

나를 바라보는 대학 교직원들의 얼굴이 떠올랐다.

애타게 기다리는 시민들의 모습이 생각났다.

뜨거운 눈물이 두 뺨에 흘러내린다.

우리는 살면서 많은 고난과 실패의 순간을 만나곤 한다.

그리고 그 고난은 우리를 깊은 침체의 늪 속으로 빠뜨리곤 한다.

하지만 하나님은 그럴 때마다 다시 용기를 내라고 말씀하시면서 진정한 패배는 실패가 아니라 마음의 절망과 포기임을 알려준다.

우리 대학은 명문대학교의 꿈을 가지고 있다.

교수와 학생이 진정으로 사랑을 나누고 학생 한 사람 한 사람의 가능성을 귀히 여기며 학생들을 진리로 이끌어 줄 진정한 상아탑을 꿈꾸고 있다.

그러나 그 길이 쉬운 길은 아니다.

그렇다.

우리는 살면서 수많은 도전과 실패 그리고 쓰라린 눈물 속에 몸부림치곤 한다.

하지만 어떠한 경우에도 하나님 나라를 위한 거룩한 목표에 대한 도전을 포기해서는 안 된다.

하나님은 아마도 그 실패의 아픔을 통하여 인생의 진정한 비밀을 알려주실 것이며 내일을 위한 철저하고도 성실한 준비를 가르쳐 주실 것이기 때문이다.

믿는 자에게 절망은 없다.

다만 오늘의 그 고통이 내일의 견고한 승리와 성숙의 디딤돌이 될 뿐이다.

지금 울고 있는 자가 있는가?

눈물을 닦고 용기를 가지자.

다시 한 번 희망 속에서 연약한 무릎을 일으켜 세우자

도우시는 하나님은 우리의 편이시며 가슴 아파 애통해하는 당신을 어루만져 주시고 다시 한 번 강하게 붙들어 주실 것이다.

여호와는 당신의 힘이시며 당신의 승리이기 때문이다.

여호와 닛시! (여호와는 우리의 승리이시다.)

혼인예식

사랑하는 딸의 결혼식이 있었다.

은혜롭고 감동적인 결혼식이었다.

신랑 신부의 모습은 너무나 아름다웠고 지상에서 가장 고귀한 순간이었다.

아름다운 예식을 통해 우리는 깊은 감동과 기쁨의 시간을 갖게 되었다.

그런데 우리 모두는 이렇게 아름답고 감동적인 혼인예식을 언젠가 주님과 함께 갖게 될 것이다.

그때는 지금 신부의 드레스보다도 훨씬 더 찬란하고 아름다운 옷을 입을 것이다.

또한, 우리의 몸도 가장 아름답고 건강한 몸으로 변화될 것이다.

그리고 꿈에도 그리던 주님과 함께 영원한 사랑과 행복의 순간을 갖게 될 것이다.

그날을 바라보면서 우리는 날마다 신부로서 아름다운 단장을 하며 신랑을 사모하며 살아가야 한다.

딸은 예복을 입기 전에 먼저 온몸을 정성스레 씻고 마지막으로 곱게 단장을 하였다.

신랑을 맞이하기 위한 정성의 마음이었다.

신부의 몸과 마음은 너무나 아름다웠다.

마찬가지로 주님을 만날 때에 우리 모두는 지상에서 가장 아름다운 신부의 모습으로 바뀔 것이다.

그날을 바라보면서 우리는 늘 몸과 마음을 순결한 신부로서 가꾸어 가야 한다.

식장에서 신랑은 신부에게 눈길을 떼지 못하였다.

왜냐하면, 신부의 모습이 너무나 눈부시게 아름다웠기 때문이며 또한 신랑의 마음속에는 신부에 대한 불타는 사랑이 있었기 때문이다.

우리도 그날에 주님이 우리에게 눈길을 빼앗길 수 있도록 그리고 날마다 주님이 우리를 기뻐하시도록 우리 스스로를 가꾸어야 할 것이다.

정결한 몸과 마음, 주님께 향한 지고지순의 사랑과 정절, 그것이 피 값으로 우리를 구해 주시고 사랑의 대상으로 신부 삼아 주시는 주님에 대한 우리의 자세일 것이다.

오늘, 아름다운 한 쌍의 젊은 부부를 바라보면서 희망 속에 우리의 그날을 그려 본다.

그날의 기쁨과 그날의 찬란한 행복을…….

그런데 당신은 진정한 주님의 신부로 사는 삶을 날마다 준비하며 살고 있는가?

아니면 세상의 쾌락과 염려와 유혹 속에 신부로서의 자각을 잊고 사는가?

다시 한 번 자신을 돌아보면서 아름다운 그날의 영광과 행복을 가질 수 있도록 날마다 준비하며 살아가기로 하자.

아름다운 스승

오늘 한 영화를 보았다.

역도 선수단의 이야기이다.

88서울올림픽 때 동메달을 땄던 선생님이 결손가정, 가난한 학생들을 선택하여 온갖 사랑과 정성과 훈련을 쏟게 된다.

그리고 그 선생님의 감동 어린 사랑과 훈련 덕분에 학생들은 나라의 귀중한 역도 보배들로 우뚝 서게 된다.

그리고 그들은 빛나는 금메달을 따게 된다.

저들의 힘으로는 도저히 상상할 수 없었던 기적의 일들이다.

하지만 그 선생님은 과로와 질투와 스트레스 속에 세상을 떠나게 된다.

이것은 실화를 바탕으로 만들어진 감동적인 영화이다.

이 영화는 진정한 스승의 모델이 점차로 사라져 가는 이때에 우리에게 좋은 교훈을 주고 있다.

학생들은 비록 결손가정이라 할지라도 깊은 사랑과 훈련 속에 얼마든지 세계적인 인재들로 성장할 수 있다는 것이다.

또한, 훌륭한 스승 한 사람의 영향력이 지극히 지대하다는 것이다.

그것은 그 제자와 그 학교만이 아니라 온 나라와 그 시대에 큰 긍정적인 영향을 끼치는 것이다.

이 영화를 보면서 나 자신을 많이 돌아보게 되었다.

우리는 얼마만큼 선한 영향력 있는 스승들인가?

학생과 제자들의 삶이 우리로 인하여 아름답게 변화되며 성장하고 있는가?

우리는 빛과 소금으로 살고 있는가?

우리 자녀는 진실로 나로 인해, 우리로 인해 소망을 찾고 최선을 다해 목표를 추구하며 달려가고 있는가?

자신에게 질문을 던지고 싶다.

밤이 점점 깊어진다.

주위의 얼굴들을 한 명 한 명 헤아려보면서 나의 지나간 스승과 리더의 삶을 점검해 본다.

그리고 앞으로의 삶은 더욱더 제자를 사랑하며 진리로 저들을 가르치는 참 스승의 길을 달려가기를 다짐해 본다.

당신은 진정한 변화의 참된 리더인가?

당신은 당신의 제자를 진정으로 사랑하고 있는가?

이 시간 저들의 성장과 변화를 위한 진정한 의미 있는 도구로서 우리의 삶이 쓰이고 있는지…….

하나님 앞에서 자신을 진솔하게 돌아보기로 하자.

진정한 가족

얼마 전, 딸의 결혼식이 있었다.

처음 있는 일이다 보니 여러 가지로 미숙하고 어려웠다.

그러나 이 결혼식을 통하여 진정한 가족과 친구가 누구인지 더 생각하게 되었다.

진정한 가족이란 어려움과 기쁨을 함께 나누며 자라나는 자녀의 고난과 기쁨을 기도 속에 함께하는 자이다.

그리할 때 그 사랑의 자녀의 결혼식은 진정으로 마음의 기쁨과 감동을 가질 수 있는 것이다.

또한 진정한 친구는 친구의 연약한 부분까지 몸과 마음으로 감싸 주면서 섬김 속에 소망과 용기를 주는 자이다.

나는 딸의 결혼식을 통하여 평소 존경해 왔던 교직원들의 헌신적인 섬김을 보면서 이들이 참 나의 가족과 친구임을 깊은 감동 속에 깨닫게 되었다.

예수님의 공생에 있어서 많은 사람이 주님의 동생들과 가족들이 얼마나 복 있는 자인가 이야기했었다.

그때에 주님은 말씀하셨다.

"누가 나의 가족이며 형제인가? 하나님 아버지 뜻대로 하는 자만이 나의 형제이며 자녀다."

그렇다.

주님 보시기에 진정한 가족은 하나님 뜻 안에서 서로 사랑하고 섬겨 주며 세워 주는 자이다.

문제는 하나님 뜻 안에서가 아니라 자신의 뜻대로 사랑을 주고받기에 그 사랑은 소중한 가족들에게 깊은 마음의 상처를 주곤 한다는 것이다.

그러나 이 시간도 주님은 모든 가족이 회복되기를 원하신다.

그 길은 예수께로 돌아와서 내 뜻을 버리고 주님의 뜻 가운데 서로를 섬겨 주며 세워 주며 상대의 행복을 비는 길이다.

태양이 오늘따라 더 찬란하다.

눈부신 신부의 아름다움과 신랑의 뜨거운 사랑이 찬란한 태양처럼 마음속에 불타기 때문이다.

부디 젊은 두 남녀가 하나님 보시기에 아름다운 믿음의 가정이 되기를 원한다.

그리고 이 모든 일에 헌신해 주신 나의 진정한 가족이며 친구이신 대학의 모든 교직원 위에 하나님의 은혜가 소낙비처럼 한없이 내리시길 소원해 본다.

그리고 예수 안에 진정한 가족들에게 사랑과 존경을 마음 깊이 올리게 된다.

진정한 스승

오늘 특별한 행사가 있었다.

우리 대학이 종합 4년제로 승격하는 날이다.

모두들 밝게 상기된 모습 속에, 그러나 경건한 각오 속에 전체 교수회의가 진행되었다.

음악과 교수님의 특송이 깊은 감동을 자아내었다.

제목은 '너의 너 된 것은 오직 하나님의 은혜'라는 찬송이었다.

그렇다.

우리가 이 척박한 땅 시골에서 도약할 수 있는 것은 하나님의 은혜요, 이 어둠의 시기에 교육자로 불러 주신 것은 오직 하나님의 크신 은혜이다.

그러나 그 은혜에는 깊은 감사와 함께 큰 책임이 따르게 된다.

나는 요단강을 앞에 두고 가나안 땅을 바라보며 마지막 고별 설교를 했던 모세의 메시지를 묵상해 보았다.

"너희는 오늘날 마음과 뜻과 정성을 다하여 여호와를 섬겨라.

여호와는 오직 한 분뿐이신 하나님이시다.

너희가 마음을 다하여 하나님을 사랑하고 순종할 때 저 가나안 땅에서 네 날이 장구하리라."

우리를 향한 하나님의 뜻은 평안과 기쁨이다.

그러나 거기에는 조건이 따른다.

그것은 오직 주 안에 거하는 자, 그리고 말씀에 순종하는 자, 그리할 때 그의 축복은 현실로 화해지는 것이다.

또한, 우리의 모든 축복에는 하나님의 뜻과 계획이 있다.

이제 전문대학에서 4년제 대학교로 도약하면서 하나님이 우리에게 주신 그 크신 사명을 곰곰이 생각해 본다.

그리고 무엇보다 마음과 뜻과 정성을 다하여 하나님을 사랑하며 공경하기를 다짐해 본다.

진정한 행복을 원하는가?

진정한 스승의 길을 걷기를 원하는가?

그렇다면 무엇보다 말씀을 가슴에 품고 하나님을 깊이 경외하여라.

그리할 때 하나님은 당신을 하나님 나라의 진정한 스승으로 사용하실 것이다.

그리고 아름다운 제자들이 당신 가슴 안에서 그리고 주님 안에서 잉태될 수 있을 것이다.

오늘 귀한 선물을 주신 주님 앞에 우리들의 삶이 말씀 안에 더욱 새롭게 되기를, 그리고 주님 원하시는 진정한 스승의 삶이 되기를 간절히 소원해 본다.

함정을 파는 자

얼마 전, 사랑하는 친구가 어려움을 당했다.

그가 존경하고 사랑하는 동료로부터 쓰라린 배신을 당했던 것이다.

그 배신은 친구와 직장 모두에게 커다란 깊은 상처를 주게 되었다.

인생의 아픔과 균열이 있다면 그것은 배반이 큰 요소일 것이다.

가룟 유다가 그러했고 시저에 있어서 브루투스가 그러했다.

배반자의 공통점은 가장 신뢰받았던 측근 중에 하나라는 점이다.

그리고 그들 모두는 뛰어난 머리를 갖고 있었다.

하지만 그 배반은 우리 사회를 멍들게 하며 우리들의 직장과 가정의 하나 됨을 무너뜨린다.

주님은 누차 하나 됨을 강조하셨다.

교회의 하나 됨과 직장의 하나 됨과 부부의 하나 됨을…….

예수 안에서의 하나 됨은 우리가 지켜야 할 거룩한 의무이다.

그러나 원수는 예수 안에서의 하나 됨의 조화를 극히 싫어하여 에덴동산에서부터 이간질을 하였고 우리 사회는 현재까지 그 배반으로부터 농락당하고 있는 것이다.

하지만 거짓은 드러나게 되어 있고 배반과 음모는 밝혀지게 되어 있다.

성경에 "함정을 파는 자는 그 함정에 빠지겠고 담을 헌 자는 뱀에게 물리리라"고 되어 있다(전도서 10 : 8).

하나님은 모든 것을 다 보고 계시며 다 듣고 계신다.

때문에 우리는 언제나 하나님 앞에서 살아야 하며 우리의 삶은 하나님과 사람 앞에 늘 신실해야 한다.

이제 동료의 배반으로 인하여 가슴 아파하는 자가 있는가?

우는 모습 그대로 하나님께 부르짖으라.

주님은 당신의 뜨거운 눈물을 보고 계시며 당신의 부르짖음을 기억하실 것이다.

그리고 가장 정확한 시간에 하나님은 그의 공의로운 심판을 나타내실 것이며 당신에게 깊은 위로가 되어 주실 것이다.

우리는 오로지 언제 어디서든 주님만을 신뢰하면서 믿음과 신실함으로 살아가야 한다.

오늘도 하나님은 당신을 사랑하신다.

그리고 배반으로 인하여 슬퍼하는 당신에게 가까이 오셔서 인생의 진정한 친구와 구원이 되어 주시길 원하신다.

믿음을 갖고 용기를 내어라.

진리는 불변이며 정의는 필승이기 때문이다.

용서

얼마 전부터 가슴이 답답하였다.

피해를 당했다는 생각에 가슴에 통증이 몰려 왔고 그 고통은 웃음과 기쁨을 앗아가 버렸다.

마음의 자유로움을 얻고 싶었다.

그래서 그 길을 알려 달라고 주님께 기도했다.

주님은 저들을 용서하라고 하시면서 그 모든 일을 온전히 주님께 맡기라는 것이다.

그 일은 나에게 너무 힘들었지만, 말씀에 순종하기로 했다.

그 이후 가슴의 통증은 사라졌고 마음은 한결 가벼워졌다.

누구를 원망하는 것, 그것은 자신에게 독을 품는 일이다.

그것은 서로가 죽는 일이다.

그래서 주님은 "항상 기뻐하며 쉬지 말고 기도하고 범사에 감사하라"고 하시면서 그것이 하나님의 뜻이며 우리가 살길임을 알려주셨다.

주님은 우리를 사랑하시고 마음에 진정한 자유를 주시기 원하신다.

이 자유는 용서 속에 있으며 또한 사랑하는 자 속에 있게 된다.

주님은 우리를 용서하시고 사랑하신다.

그리고 우리가 주님 안에서 참 자유와 행복을 누리기를 원하신다.

살면서 우리는 스스로 심판자가 되어 있음을 깨닫곤 한다.

우리들의 손에는 원망과 미움으로 가득한 돌들이 쥐어져 있음을 느끼곤 한다.

그러나 우리는 이제 그 돌들을 내려놓아야겠다.

그리고 그 일과 그 아픔을 심판자 되신 하나님께 온전히 맡겨야 한다.

오로지 말씀에 순종하면서 거룩함과 화목함을 사모해야 할 것이다.

주님은 우리의 고통과 억울함을 아시기 때문이다.

그리고 가장 정확한 주님의 시간에 공의의 판단과 심판을 내려주실 것이기 때문이다.

주의 선하심에 우리의 모든 것을 맡기며, 우리는 자유롭기 위해서도 서로를 용서해야 한다.

그것이 나도 살며 또한 남도 사는 길인 것이다.

오늘도 고통 받으며 가슴에 통증을 느끼는 자가 있는가?

그것은 혹시 나의 용서하지 못하는 마음과 원망의 아픔 때문이 아닌지 자신을 깊이 돌아보기로 하자.

그리고 우리 서로의 목에서 원망과 미움의 쇠사슬을 풀어 주자.

그것이 우리 서로가 살길이며 당신이 자유로워질 유일한 길이다.